UNIVERSITÉ DE GAND

RECUEIL DE TRAVAUX

PUBLIÉS PAR

LA FACULTÉ DE PHILOSOPHIE ET LETTRES

22e FASCICULE

ÉTUDE

SUR LA

Formation et l'organisation économique

DU DOMAINE DE

L'ABBAYE DE SAINT-TROND

depuis les origines jusqu'à la fin du XIIIe siècle

PAR

ALFRED HANSAY

DOCTEUR EN PHILOSOPHIE ET LETTRES
ATTACHÉ AUX ARCHIVES DE L'ÉTAT A LIÉGE

GAND
LIBRAIRIE SCIENTIFIQUE E. VAN GOETHEM
Rue des Foulons, 1 (près de l'Université).

1899.

ÉTUDE

SUR LA

Formation et l'organisation économique

DU DOMAINE DE

L'ABBAYE DE SAINT-TROND

DEPUIS LES

ORIGINES JUSQU'A LA FIN DU XIIIᵉ SIÈCLE

GAND,

IMPRIMERIE I. VANDERPOORTEN,

Rue de la Cuiller, 18 20.

UNIVERSITÉ DE GAND

RECUEIL DE TRAVAUX

PUBLIÉS PAR

LA FACULTÉ DE PHILOSOPHIE ET LETTRES

22e FASCICULE

ÉTUDE

SUR LA

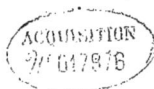

Formation et l'organisation économique

DU DOMAINE DE

L'ABBAYE DE SAINT-TROND

depuis les origines jusqu'à la fin du XIIIe siècle

PAR

Alfred HANSAY

DOCTEUR EN PHILOSOPHIE ET LETTRES
ATTACHÉ AUX ARCHIVES DE L'ÉTAT A LIÉGE

GAND

LIBRAIRIE SCIENTIFIQUE E. VAN GOETHEM
Rue des Foulons, 1 (près de l'Université).

1899.

RECUEIL DE TRAVAUX

PUBLIÉS PAR

LA FACULTÉ DE PHILOSOPHIE ET LETTRES DE L'UNIVERSITÉ DE GAND

EXTRAIT DU RÈGLEMENT

Les travaux des professeurs, anciens professeurs, chargés de cours et anciens chargés de cours, sont publiés sous la responsabilité personnelle de leurs auteurs.

Ceux des élèves et anciens élèves sont publiés en vertu d'une décision de la Faculté.

A MON MAÎTRE

M. HENRI PIRENNE

TÉMOIGNAGE DE RECONNAISSANCE ET D'AFFECTION.

INTRODUCTION

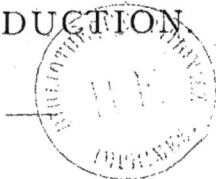

Je me suis proposé, dans le présent travail, de retracer
l'histoire économique de l'abbaye de Saint-Trond depuis
les origines jusqu'à la fin du XIIIᵉ siècle. Si les sources
spéciales dont je disposais étaient fort importantes, je
n'ai cependant pas laissé de recourir à la méthode compa-
rative. Bien que rares, nos renseignements sur la situation
économique des abbayes de Gembloux (1) et de Saint
Hubert (2) nous font entrevoir un développement presque
identique à celui de Saint-Trond. D'autre part, l'organisation des abbayes cisterciennes, en dépit de différences très
importantes, nous présente aussi, de son côté, d'intéressantes analogies. C'est la raison des emprunts que j'ai
faits aux cartulaires de Cambron (3) et d'Orval (4),
notamment pour le premier chapitre de mon ouvrage.

---

(1) Sigebert de Gembloux. *Gesta abbatum Gemblacensium* (940-
1050). Continuation par Godescalc (1050-1136). *Panegyricus libellus de
abbatibus Gemblacensibus* (1012-1136). *Mon. Germ. Hist. SS.* VIII,
éd. G. Pertz.

(2) *Chronique de l'abbaye de Saint Hubert*, dite *Cantatorium*, éd.
Robaulx de Soumoy. Bruxelles 1847, et *Mon. Germ. Hist. SS.* VIII, éd.
Bethmann et Wattenbach.

(3) *Cartulaire de l'abbaye de Cambron*, éd. J.-J. De Smet. *(Monu-
ments pour servir à l'histoire des provinces de Hainaut, Namur et
Luxembourg*, t. II). Bruxelles, 1869.

(4) *Cartulaire de l'abbaye d'Orval*, éd. Goffinet, Bruxelles 1879,
Supplément par A. Delescluse, *ibid.*, 1896.

Mais Saint Trond reste naturellement la base de mon étude. Voici les sources de son histoire que j'ai utilisées.

I. — Le " *Gesta abbatum Trudonensium* „ (1), dont les sept premiers livres sont l'œuvre de Rodolphe, né dans le comté de Namur vers 1070, et qui, après avoir été moine successivement à Borcette, à Hersfeld et à Gladbach, vint se fixer à Saint-Trond en 1091 où il devint successivement prieur (1103) et abbé (1108), et où il mourut en 1138. L'œuvre de Rodolphe passe à juste titre pour une des chroniques monastiques les plus instructives du moyen age. On y trouve le tableau le plus précis et le plus vivant des calamités de toute sorte que la guerre des Investitures déchaîna sur l'abbaye. Rodolphe déposa la plume en 1108, lorsqu'il reçut la dignité abbatiale. Mais un moine contemporain continua son œuvre jusqu'en 1136 (livres VIII à XIII) et c'est grâce à lui que nous savons comment l'abbé rétablit la discipline et restaura les finances du monastère. Un troisième continuateur à poussé l'histoire du couvent jusqu'en 1180, mais à la différence de ses devanciers, il est fort avare de renseignements relatifs à l'histoire économique.

II. — Le cartulaire (2), comprenant 323 chartes antérieures à l'année 1300 : 21 chartes avant le XIIe siècle, 96 chartes de 1100 à 1200 et 206 chartes de 1200 à 1300; la charte la plus ancienne et de 741. L'historien économiste y trouvera une riche collection de documents. Il n'eût guère été possible sans leur secours de décrire dans le détail l'ancienne organisation domaniale, la formation du domaine, le rôle des avoués et surtout la condition des " *cerocensuales* „ ou serfs de l'autel.

---

(1) *Spicilegium*, éd. d'Achery. Tome II², p. 659. Edition défectueuse. — *Mon. Germ. Hist. SS.*, X, éd. Köpke. — Nouvelle édition par C. de Borman, Liége 1877, 2 vol. in-8. Cette édition est la plus correcte et est pourvue d'excellentes notes. C'est elle que j'ai utilisée.

(2) *Cartulaire de Saint-Trond*, éd. C. Piot, 2 vol., Bruxelles, 1870-1875.

Le cartulaire a été édité en partie d'après les chartes originales, en partie d'après divers cartulaires, huit déposés aux archives du royaume à Bruxelles, un neuvième à la bibliothèque de l'Université de Liége. L'édition laisse parfois à désirer, c'est ainsi par exemple que la charte n° X de 1055 (tome I, p. 16) se trouve reproduite au n° XIV d'après une mauvaise copie et avec la date inexacte de 1060 (Ibid., p. 19).

III. — Le *Livre de Guillaume* (1), source de premier ordre pour l'histoire économique de l'abbaye pendant la seconde moitié du XIIIᵉ siècle. " A part la transcription " de deux chartes, son contenu consiste en annotations " de recettes et de dépenses, en descriptions de biens " et de revenus, en listes de fermiers et de censitaires, en " consignations de droits de toute sorte, en comptes rendus " de procès. Ce texte tient donc tout à la fois de la " nature d'un livre de comptes, d'un terrier et d'un cen- " sier (2). Bien qu'il renferme pêle-mêle avec des états " de biens, des comptes et des annotations de toute sorte, " ce *Livre* n'est pas un brouillon; pour peu qu'on l'étudie, " on s'aperçoit qu'il a été rédigé à l'aide de notes. . . . . . . " Ce n'est pas au journal d'un négociant, mais à son grand " livre qu'il faut comparer le registre de Guillaume. En " l'écrivant, l'abbé avait sur sa table des documents de " toute espèce. Il a eu recours à d'anciens cartulaires ou " polyptyques et à la chronique de l'abbé Rodolphe. Il a " copié in-extenso des documents dont il a cru utile d'avoir " toujours le texte sous la main. Mais surtout il a dû se " servir de notes prises soit par lui, pendant ses tournées " dans le domaine, soit par des maires ou des envoyés " spéciaux. Il n'est pas douteux que bon nombre des

---

(1) *Le Livre de l'abbé Guillaume de Ryckel (1249-1272). Polypty-que et comptes de l'abbaye de Saint-Trond au milieu du XIIIᵉ siècle*, éd. Henri Pirenne. Bruxelles, 1896.

(2) *Livre de Guillaume*, Préface, p. XXIX.

" renseignements qu'il nous transmet n'aient été tout
" d'abord consignés rapidement sur des tablettes de cire
" après un plaid général ou au retour d'un voyage d'in-
" spection. Il semble aussi que des rôles comprenant la
" liste des tenanciers d'un domaine aient été utilisés „ (1).

Au début du XIIIe siècle, Saint-Trond comme la plu-
part des grandes abbayes bénédictines fut menacé d'une
ruine complète. Le grand intérêt du *Livre de Guillaume* est
de mettre en pleine lumière une tentative de réorganisation
d'un grand domaine monastique. Il a été écrit à une époque
de transformation; au milieu des débris de l'antique organisation domaniale, on voit se développer un système d'exploitation entièrement différent; le fermage libre est sub-
stitué à la tenure servile, l'abbaye renonce à l'exploitation
directe du domaine et tend tous les jours davantage à
n'être plus qu'un propriétaire collecteur de fermages.

Le *Livre de Guillaume* est précédé d'une importante
préface de M. Pirenne (pages I à LX); il s'y trouve des
renseignements détaillés sur le manuscrit original, la personne de l'auteur, l'état du domaine au XIIIe siècle et les
transformations qu'il eut à subir.

On y trouvera (pages XLVI à LX) des indications circon-
stanciées sur les diverses monnaies qui se rencontrent dans
le texte, ainsi que sur les mesures de longueur et de super-
fices et les mesures de capacité pour les grains, les liquides
et le bois de chauffage. J'ai résumé ci-dessous p. 136 les
résultats auxquels M. Pirenne est arrivé.

IV. — Le tome XIV des *Analectes pour servir à l'histoire ecclésiastique de la Belgique* (2) contient un fragment
d'un ancien polyptyque de Saint-Trond. Le document n'est
pas daté; mais je pense avec l'éditeur M. Daris que l'écri-
ture en est du XIIe siècle, peut être même de la fin du
XIe siècle. Et le contenu, ajouterai-je, est la confirmation

(1) *Livre de Guillaume.* Préface, p. XXXVI à XXXVIII.
(2) Pp. 31 à 35.

de cette manière de voir : le rôle économique joué par le
" judex, „ l'existence de manses entiers, les prestations
fournies par les tenanciers et les prestations auxquelles
ils sont astreints, tout nous reporte à la fin du XIᵉ siècle.
On y trouve quantité de renseignements sur l'exploitation
des terres domaniales, les obligations des manses dépendants, l'admistration des fonctionnaires de l'abbaye, prévôt,
" judex „ et maire.

V. — Des statuts donnés à Saint-Trond en 1252 et
1258 par le légat Hugues de Sainte Sabine m'ont fourni
quelques notes relatives à différents offices du monastère (1).

VI. — La " *Deutsches Wirtschaftsleben im Mittelalter* „
de M. K. Lamprecht contient plusieurs chartes relatives
aux possessions de l'abbaye de Saint-Trond dans la vallée
de la Moselle (2). Il en est une surtout (III, p. 29 à 34) qui
a pour nous la plus grande importance ; elle décrit pour
le XIIIᵉ siècle le rôle des fonctionnaires qui dirigent l'exploitation, les diverses catégories de tenanciers, le mode
des tenures, leur étendue, les prestations qu'elles fournissent. Ces renseignements rapprochés de ceux que nous
donne le *Livre de Guillaume* (3), nous font connaître
l'organisation toute spéciale des vignobles de Saint-Trond,
à Pommern et à Briedel.

VII. — Les *Epistolae Saeculi XIII e regestis pontifi-
cum Romanorum selectae*, publiées par M. K. Rodenberg, ren-
ferment une bulle relative aux difficultés financières de
l'abbaye (4); enfin, dans le cartulaire de Saint-Trond
conservé à la bibliothèque de l'Université de Liège, j'ai
relevé une charte de 1274 relative a un bail emphy-
théotique.

---

(1) Dom U. Berlière. *Studien und Mittheilungen aus dem Benedic-
tiner und dem Cistercienser Orden,* t. XVI, pp. 590 et sqq.
(2) Tome III, pp. 24 et sqq.
(3) Pp. 80 à 87, 103 à 115.
(4) T. II, p. 536.

Un mot maintenant sur le plan que j'ai suivi pour mon travail. Un premier chapitre traite de la formation du domaine, un second, de son organisation, c'est à dire de ses fonctionnaires, de la nature des revenus, de leur importance, de leur mode de perception et de distribution; le troisième expose, la rupture, au XIII⁰ siècle, de cette organisation.

Deux derniers chapitres sont consacrés l'un à décrire la condition des " *cerocensuales* „ c'est à dire des serfs d'église voués à l'autel, l'autre à montrer le rôle joué par les avoués de l'abbaye. Ce sont avant tout, le premier une étude sur la condition juridique des personnes, le second un essai relatif à la fois à l'histoire du droit domanial et à celle du droit public, les avoueries ayant été un des éléments constitutifs de la seigneurie territoriale. Ces deux paragraphes se rattachent pourtant à mon sujet, la dépendance de la terre ne faisant qu'un avec la dépendance de la personne et l'avoué d'autre part ayant contribué largement à la ruine de l'ancienne organisation domaniale. Dans un paragraphe final, j'ai relevé pour l'abbaye de Saint Trond, le prix des terres, du blé, des animaux domestiques et le taux de l'intérêt de l'argent.

Bref, j'ai cherché à placer mon étude dans son milieu historique; les transformations religieuses, politiques, économiques ont modifié l'organisation du domaine. Une évolution s'est produite dont je me suis efforcé de retracer le cours.

Je rappelle cependant au lecteur qu'il aura à se reporter à la savante préface dont M. Pirenne a fait précéder le *Livre de Guillaume* (1). J'ai tâché seulement que, pour la seconde moitié du XIII⁰ siècle, mon étude ne fasse pas double emploi avec la sienne.

---

(1) Voyez supra, p. XII.

TABLE DES MATIÈRES.

CHAPITRE I.

FORMATION DU DOMAINE.

Saint-Trond, riche propriétaire de nos contrées, fonda une abbaye à Sarchinium (1) dans le courant du VIIe siècle. Il la dota des biens patrimoniaux qu'il possédait en Hesbaye et dans la Campine (2). Il y fut enseveli et bientôt les multitudes vinrent visiter son tombeau et vénérer ses reliques (3). Saint-Trond devint un lieu de pèlerinage célèbre : Pepin II s'y rendit accompagné des grands du royaume (4). Vers le milieu du XIe siècle encore (1034 à

---

(1) Ce nom qui a fourni la forme flamande Zerkingen disparut bientôt et la ville fut appelée Saint-Trond du nom du patron de l'abbaye auquel elle devait sa célébrité.

(2) Saint-Trond donne ces propriétés à l'église de Metz; l'évêque de Metz était donc le chef du monastère en tant qu'institution temporelle et il le resta jusqu'en 1227, époque où Saint-Trond passa à l'évêque de Liège Hugues de Pierrepont à la suite d'un échange avec l'église de Metz (*Cartulaire de Saint-Lambert*, éd. : Bormans et Schoolmeesters, I, p. 224 sqq.

(3) On sait l'importance que le moyen-âge attachait à la possession des reliques. On peut lire à cet égard dans la " *Translatio Sancti Marcellini et Petri* „ d'Eginhard (M. G. SS. XV) un chapitre intéressant de l'histoire de la civilisation. — Cfr. " *Liber miraculorum S. Fidis* „ dans la *Collection de Textes pour servir à l'enseignement de l'histoire.* — Les clercs du monastère d'Andage (plus tard Saint-Hubert) " secum deliberato consilio eumdem locum (Andage) adhuc honestius sublimandi „ demandent à l'évêque de Liège permission de transférer dans leur monastère les restes de Saint-Hubert. *Cantatorium* 224. — Cfr. *ibid.* 265, sur une mise en scène qui devait frapper l'imagination populaire. — Cfr. *Gesta abbatum Trudonensium*, I, 187 à 189 l'énumération par Rodolphe des reliques que l'abbaye possédait de son temps.

(4) *Gesta abbatum Trudonensium*, II, 103.

1055) tous les jours et surtout au temps des grandes solen-
nités, les multitudes accouraient au point que la ville ne
pouvait les contenir toutes et qu'à les voir répandues autour
des murs on eût cru assister à un siége (1). On venait
offrir à Saint-Trond des chevaux de guerre, des bœufs, des
vaches, des brebis, des pains, des fromages, des fils d'argent; les gardiens de l'autel ne suffisaient pas à recueillir
les offrandes (2). Les donations d'or, d'argent, d'objets précieux contribuèrent à former le trésor de Saint-Trond, très
riche comme il appert de l'inventaire dressé en 870 par les
délégués de l'évêque de Metz (3) : des châsses, des calices,
des croix, des candelabres, des plats pour les offrandes, des
lampes, des boucles d'oreille, des bracelets d'or et d'argent,
des boîtes en ivoire, de l'argent en lingot, et de riches
étoffes, manteaux, surplis en laine, en toile et en soie avec
des perles. Deux passages de la chronique parlent de deux
calices, chacun d'eux estimé à plus de 60 livres (4).

Mais au moyen-âge, la vraie richesse est la terre.
Elle donnait vraiment la puissance et elle était universelle-
ment désirée. Et dans l'espèce Saint-Trond poursuivit ses
acquisitions jusqu'à la fin du XIIIe siècle.

Sa richesse terrienne lui vint de sources très diverses :
donations pieuses et donations conditionnées, défrichements,
achats, échanges.

A. DONATIONS PIEUSES.

On sait combien le culte des saints fut répandu et
intense au moyen-âge. Ce culte explique en partie la
rapide fortune des abbayes. Leur faire une donation

---

(1) *Gesta abbatum Trudonensium*, I, 17.
(2) *Ibid.*, I, 17.
(3) *Ibid.*, I, 7 à 9.
(4) *Ibid.*, I, 54 et 149.

c'était en réalité faire une donation au saint et mériter sa protection.

Le saint était le seul propriétaire réel; les biens de l'abbaye, les serfs qui lui appartenaient étaient les biens et les serfs du saint. Voici une anecdote caractéristique à cet égard :

" Vers 1006 une famine étant survenue à Saint-Trond,
" des gens de tout sexe et de tout âge accouraient deman-
" der des secours aux moines. L'abbé les appelant auprès
" de lui leur disait en badinant : Eh bien toi, de qui es-tu
" serf et toi, femme, de qui es-tu la servante? Et à ceux
" qui lui répondaient qu'ils étaient serfs de Saint Lambert,
" ou de Saint Pierre, ou de Saint Servais, ou de Saint Re-
" macle ou de quelque autre saint, l'abbé disait : qu'il te
" nourrisse celui dont tu es le serf. Mais à ceux qui se
" réclamaient de Saint Trond, il disait paternellement :
" Saint Trond notre maître te nourrira aujourd'hui comme
" un père, car tu es son serf comme nous. „ (1).

Pareilles croyances expliquent la fréquence des donations. Il existe certes des exemples de piété purement désintéressée; on donne " in signum devotionis, in elemosynam, ad honorem Dei et Sancti Trudonis „ (2). Mais dans l'immense majorité des cas, c'est pour échapper au feu de l'enfer ou pour obtenir le ciel, " pro mercede et remedis anime, pro eternorum retributione bonorum; „ on dit des offrandes qu'elles sont " redemptiones animarum „ (3).

Tel était aussi le but des messes de fondation : les moines célébraient par une messe l'anniversaire du donateur décédé et une rente était constituée à la mense des frères pour leur fournir un repas (4).

---

(1) *Gesta abbatum Trudonensum*, I, 6.
(2) *Ibid.*, I, 103. — Cfr. *Cartulaire de Saint-Trond*, I, p. 347.
(3) *Gesta abbatum Trndonensium*, II, 103 vers a° 693. — Cfr. *Cartulaire de Saint-Trond*, I, 1 (741), 4 (837), 82 (1251).
(4) *Gesta abbatum Trudonensium*, I, 157. — Cfr. *Cartulaire de Saint-Trond*, I, 85 (1154), 108 (1164), 242 (1249), 259 (1253) : " Preterea

4

Les idées religieuses de l'époque donnent aussi la
raison de ces nombreuses demandes de laïques à être admis dans la " société des frères „ à être " orationis et
societatis participes „ (1).

On en récoltait de nombreux avantages spirituels, on
avait part aux mérites que les moines acquéraient par leurs
œuvres pies, prières et bonnes œuvres; on recevait l'ex-
trême-onction des frères eux-mêmes, on était enterré
dans leur cimetière et on avait à perpétuité droit à une
messe le jour anniversaire de sa mort (2).

On aimait à reposer dans un lieu consacré sur lequel
le saint étendait sa protection (3).

La " precaria oblata „ était aussi une donation gra-
tuite; seulement le donateur conservait jusqu'à sa mort la

---

cum ipsos decedere contigerit, exequias eorum et anniversaria tamquam
fratrorum nostrorum cum sollempnitate debita prosequemur. — Preterea
ad altare beati Nicholai sub turri missam cotidie, pro animabus ipsorum
faciemus per unum de fratribus nostris celebrari. „

(1) *Gesta abbatum Trudonensium*, I, 59 (1040), 67 (1145-55), 78
(1149). — *Livre de Guillaume*, 270.

(2) *Cartulaire de Saint-Trond*. 1, 67 (1145-55) : " Ad haec placuit
quum carnalia sua nobis seminavit ut spiritualia nostra meteret. Con-
cedimus ut orationum et benefactorum nostrorum sit particeps, in
extremis suis visitationem, in auctiones (sic) a fratribus nostris accipiat,
inter fideles nostros sepeliatur, nomen ejus in regula nostra annotetur,
memoria ejus in anniversaris sus in perpetuo apud nos habeatur. „ —
Cfr. *Cartulaire d'Orval*. 168 (1214).

(3) *Gesta abbatum Trudonensium*, II, 19 (vers 1040). — *Cartulaire
de Saint-Trond*, 59 (1040), 67 (1145-55), 326 (1265) : " faciemus ipsos in
nostro cymeterio sepeliri. „ — *Cantatorium* 236 (1068), 278 (1086), 279
(1086). — Comme l'enterrement dans une abbaye entrainait une donation on vit des abbayes avoir recours à de bien étranges moyens : Le
comte Thierry fils de Gérard le Flamand mourut prisonnier à Bouillon ; il
avait choisi une église de Cologne pour lieu de sa sépulture et avant de
mourir avait ordonné à ses gens d'y transporter ses restes. Mais le prévôt de Saint-Hubert à Bouillon, " curiosus ecclesie matris sue necessi-
tatibus „ obtint du châtelain de cette ville que pour éviter les difficultés
d'un transport aussi long, le corps serait enseveli à Saint-Hubert.
C'est pourquoi le fils du défunt fit don à Saint-Hubert de six manses
d'alleu près de Brée. *Cantatorium*, 264 (1082).

jouissance de son bien; il s'engageait toutefois au payement d'un cens annuel (1).

B. DONATIONS CONDITIONNÉES.

Les seuls motifs religieux ne peuvent suffire à expliquer le grand développement des propriétés de Saint-Trond. Des raisons d'ordre économique y ont contribué pour une très grande part. Saint-Trond, comme les autres monastères d'ailleurs, s'est enrichi parce qu'il répondait à une nécessité sociale. Il satisfaisait à des besoins dont l'Etat ou des entreprises privées se chargent de nos jours et dont l'Etat du moyen-âge se serait certainement chargé si l'œuvre de Charlemagne n'avait été si rapidement détruite.

Une mauvaise récolte, une famine, le manque de relations exposaient le paysan à mourir de faim; il devait emprunter, hypothéquait son bien et l'abbaye qui disposait de grands capitaux, grâce à son trésor, lui procurait le nécessaire. Elle y trouvait d'ailleurs son compte : souvent le débiteur ne pouvait rembourser la somme empruntée et l'abbaye retenait la terre et agrandissait son domaine (2).

---

(1) *Cartulaire de Saint-Trond*, I, 35 (1108-38), 47 (1138) : " R... et uxor ejus E.... tradiderunt ecclesie nostre 5 curtila...... qua traditione legitime facta, reddita eis a nobis omnis justicia ibi pertinens, tantum diebus vite sue, excepto censu 5 solidorum. Ea conditione interposita ut post mortem ipsorum sine contradictione aliccujus heredis, tam censum quam omnes justicias in curtibus ...... ecclesia libere possideat. „ — Cfr. *Ib*. I, 83 (1153). — Cfr. *Livre de Guillaume*, 309 (1258).

(2) *Gesta abbatum Gemblacensium* (M. G. SS. 547 l. 12 à 33). En 1093, épouvantable peste et famine, la moisson ne sert que pour deux mois. " Hac peste famis multi nobilium adacti dum familiis suis carere nolunt, multum argenti ad has sustentandas, feneratores debitores suos omnibus modis gravant et dum die dicta pecunias non recipient has die dictas pecunia sub fide et sacramento duplicant. — A.... nobilis de villa H.... his oppressus infortuniis, allodium quod habebat, Santo Petro vendidit argenti marchis 15, R.... 1 prediolum pro 8 mr argenti. — Idem pour 60 mr. 1 alleud hypothèqué " ad 12 annos „ si post 12 annos non fecerit redemptum semper ecclesia tenebit usque ad Kalendas octobris sequentis anni. „

6

Les abbayes pendant la première partie du moyen-âge
jouèrent le rôle qui devait plus tard échoir aux Juifs et
aux Lombards (1).

Nouvelle source de donations : des époux quelquefois,
plus souvent des femmes seules, des malades, des vieillards,
donnaient leurs biens qui ne pouvaient les nourrir, à condition d'être entretenus leur vie durant : c'était un placement
à fonds perdus, une création de rente viagère. Ces stipulations d'ordre matériel se trouvent dans le contrat qui

Cantatorium, 305. — La noblesse qui partait pour la croisade engageait également ses biens : " comes Cono.... qui ante decem annos
iturus Hierolosymam cum duce Godefrido X uncias auri nostri....
super Fele acceperat. „

Cartulaire d'Orval, 216 (1239). " Abbas et conventus Aureaevallis
concesserunt domino P... V... 30 libras fortium pro quibus A... M....
avunculus ejus.... assignavit in pignore ecclesiae Aureaevallis accipere
quolibet anno usque ad tres annos 4 modios frumenti. Sciendum vero
quod dominus P... praenominatus tenetur, post dictos tres annos, ecclesiae A..... solvere simul et semel totam pecuniam praenotatam, prae-
dictos 4 modios frumenti redimendo.

Cartulaire d'Orval, 262 (1239), 310 (1249). " De his autem firmiter
tenendis dedit dominus P.... V.... plegios ecclesiae Aureaevallis
A.... M.... et G... de W.... et ipsi debent facere quod facere
debent plegii. „ — On peut remarquer que les 30 livres doivent être
rendues en une fois. Lamprecht a montré que pour le XIᵉ siècle c'était
la règle. Il donne deux raisons de ce fait : " On ne se risquait pas à
rassembler de grosses sommes par petites portions, faiblesse excusable
à une époque d'économie où les échanges se font en nature *(Naturalwirtschaft)*, où le produit net et le produit brut ne se séparent pas et
où une bonne comptabilité au sens moderne n'est guère possible. „
D'un autre côté, le remboursement de la somme hypothéquée devenait
quasi-impossible. Cfr. Lamprecht. *Etude sur l'état économique de la
France pendant la première partie du moyen-âge*, traduction Marignan,
p. 292. — C'est que la possession de la terre était ardemment recher-
chée. Il est certain même que des abbayes ne songeant qu'à acquérir
de la terre ont fait parfois des marchés désantageux. Cfr. *Cantatorium*,
249 et 270 : Pour être seule propriétaire du fief de Chevigny sur lequel
elle avait déjà une hypothèque de 500 besants d'or, l'abbaye de Saint-
Hubert fit en 1083 à la comtesse Richilde de Hainaut un nouveau
payement de 300 marcs. — Elle ne disposait alors que de 80 marcs, elle
en emprunta 200 à des marchands et à des clercs de Liège " vadibus
depositis. „

(1) Lamprecht. *Deutsches Wirtschaftsleben*, I² 849.

accorde l'admission dans la " société des frères „ la société spirituelle dont j'ai parlé plus haut; l'abbaye fournissait le logement, la nourriture, le vêtement et les soins en cas de maladie (1). Mais il était rare que la donation entrainât pour l'abbaye toutes ces obligations. Le donateur se réservait simplement une rente, parfois en argent, plus souvent en nature, ce que j'appellerai une pension alimentaire (2). On peut suivre dans le *Livre de Guillaume* le grand développement du système des pensions au XIIIe siècle ; en 1263, elles s'élevaient au total à 300 marcs de Liège pour 78 personnes (3).

Il existait également ce que l'on peut appeler un système d'assurances contre la maladie ou la vieillesse : on s'assurait par une donation un refuge dans les abbayes pour les mauvais jours (4).

---

(1) *Cartulaire de Saint-Trond*, I, 59 (1140) : " Prebendas sicut fratribus dedimus „ (Pension faite à deux époux. — *Ibid.*, I, 202 (1240). " Nos W... castellano de M.... et uxori ejus C.... quoad vixerint prebendam integram in vino et pane et vestibus et ceteris, sicut unus dominorum habere dinoscitur, exceptis accidenciis, videlicet de mortuis, contulimus optinendam. „ — *Ibid.*, 277 (1257).

Cartulaire d'Orval, 146 (1206). Donation faite par un chevalier " infirmitate detentus et senio, „ il est reçu dans l'abbaye.

(2) *Cartulaire d'Herckenrode* dans Daris, *Notices sur les églises*, IV, 21. Donation par deux époux de 450 marcs liégeois contre rente viagère de 45 marcs.

Cartulaire de Saint-Trond, I, 66 (1141), rente en argent. — Cfr. *ib.*, I, 258 (1253) : pension annuelle de 75 muids de seigle à deux époux leur vie durant. — Cfr. *ib.* : 366 (1283), 325 (1265), 358 (1281).

(3) Cfr. pp. 61, 63 et 70.

(4) *Cartulaire de Saint-Trond*, I, 59 (1140). Donation de Franco : " si quandoque idem F.... habitum monachi suscipere vellet, ut susciperetur concessimus. „

Cartulaire de Cambron, I, 110 (1196), " si conversus vel familiaris noster fieri vellet, ingressus domus nostre gratis ei et sine ulla contradictione patebit. Si vero contigerit in seculo eum infirmari, ut conversus aut familiaris vel nolit, vel non possit fieri, domus nostra prout ratio expostulaverit tam de nostro quam de suo necessaria ei providebit. „

Cartulaire d'Orval, 168 (1214). " Ipsi autem fratres orationes suas et beneficia largiti sunt et septem ex eis qui generationis illius capita esse noscuntur in fraternitatem plenariam susceperunt ut eorum quem-

8

Enfin l'oblation de jeunes enfants (1) ou l'admission en qualité de moine entraînait don de propriété (2); et source encore de richesse, les moines héritaient (3).

C. **DÉFRICHEMENTS.**

Toutes les abbayes de l'époque travaillaient : appropriations de terres sans maître, essarts, dessèchement de marais agrandissaient le domaine, en faisaient un complexus plus compacte ou le mettaient en valeur. L'abbé Rodophe (1108-38) parle de " 3 curtilia quæ solvunt 18 denarios, ubi nullus antea usus habebatur „ (4). A la même époque deux forêts sont défrichées, l'une à Metzeren, l'autre à Stayen (5); un prieuré est établi à Donck, dans un endroit désert; deux moines y restent à demeure avec des serviteurs

---

libet quando cumque voluerit, recipere teneantur; daturi eidem habitum religionis et victum, nusquam tamen nisi in Aureavalle vel in ejus grangiis. „

(1) *Gesta abbatum Trudonensium*, 11, 99 (VIIᵉ siècle). " . . . . multique nobilium proprios filios et nepotes suos huic sancte communioni mancipandos cum amplis patrimoniis devoverunt.
Cartulaire de Saint-Trond, I, 78 (1149). " . . . . dimidietatem vinee . . . . cum ipso puero in usus ecclesie perpetualiter tradidit. „

(2) Lire à cet égard dans les *Gesta abbatum Trudonensium*, I, 240 à 270 une lettre de l'abbé de Saint Pantaléon : Un homme riche voulait faire entrer son fils comme moine dans cette dernière abbaye, mais sous le prétexte que les moines faisant vœu de pauvreté . . . on voit la suite, il ne voulait pas débourser une obole. Rodolphe fut consulté et il s'attacha à réfuter cette manière de voir. Il s'appuie sur des passages tirés de l'Évangile, des épitres de Saint Paul, des traités de Saint Augustin. C'est fort long, mais fort intéressant aussi.
Livre de Guillaume, 262 (1253). Don d'un manse : " cum deberet intrare monasterium nostrum. „ — *Ibid.* 308 (1258). " T . . . . decimam dedit ecclesie Sancti Trudonis et recepit habitum monachalem. „

(3) *Livre de Guillaume*, 210 : l'abbaye hérite du moine Henri de Valbeke.

(4) *Gesta abbatum Trudonensium*, I, 150.

(5) *Ibid.*, I, 158. Je dois ajouter qu'à Stayen, l'abbaye y fut en réalité forcée, le maire et les tenanciers dévastaient le bois; l'accensement de la terre était le seul moyen d'en tirer parti.

" famuli „ et cultivent : " In hoc videlicet loco preter eccle-
" siam ab omni edificio vacuo, quia alias non habebam,
" domum contraxi dominicalem et horreum, claustrulum-
" que satis aptum composui juxta ecclesiam, intusque et
" foris officinas caenobitis necessarias. Constituti ibi duo
" fratres qui Deo et beate Marie servant, ex ecclesia cum
" famulis suis vivunt et tamen in anno sicut antea duas
" nobis libras solvunt „ (1).

Le troisième chroniqueur (1180-1366) parle d'une
" grata campestris planicies „ qui s'étendait de Velp et
Zepperen jusqu'à Saint-Trond, alors que l'anteur de la vie
de Saint-Trond déclare qu'au VII⁰ siècle, ces villas étaient
séparées de Saint-Trond par une forêt de trois milles (2).
Mais je ne sais à quelle époque cette mise en culture doit
être reportée.

Nos renseignements sur l'activité de l'abbaye en matière d'essarts se réduisent comme on voit à peu de chose.
La raison en est que nos sources ne deviennent importantes
qu'avec les XII⁰ et XIII⁰ siècles; or, à cette époque, notre
abbaye avait dépassé la belle période de son activité
et de son expansion.

D. ÉCHANGES, VENTES ET ACHATS.

Leur nécessité apparaît évidente lorsqu'on songe que
ce sont des donations qui constituèrent la majeure partie
du domaine de Saint-Trond. Il en résultait un éparpillement incroyable des propriétés. Autant qu'il était possible,
l'abbaye essaya de rendre son domaine plus compacte;
l'échange fut le moyen auquel elle eut recours et elle veil-
lait même à gagner sur le marché (3).

---

(1) *Gesta abbatum Trudonensium*, I, 161.
(2) *Ibid.*, II, 100.
(3) *Cantatorium* (vers 1086) Saint-Hubert ayant acquis le domaine
de Chevigny aurait voulu en percevoir la dîme qui appartenait à l'abbaye de Prum. Un échange fut fait : Prum obtint l'église de Maissin

Quant à l'argent qu'elle retirait de ventes de terres, l'abbaye l'employait souvent à l'achat de terres plus rapprochées du centre de l'exploitation et d'un meilleur rapport (1). C'était le trésor qui payait les achats (2) et au IXe siècle, celui de Saint-Trond était très riche (3).

Les calices, les châsses, les croix, les riches étoffes qu'il renfermait étaient les objets de luxe du moyen-âge; ils servaient à l'éclat du culte, mais c'était aussi un capital mobilier toujours à la disposition de l'abbaye. L'aliénation de ces objets d'orfèvrerie s'explique d'autant mieux que les industries d'art étant dans l'enfance, la matière tra-

---

avec un manse près de Villance; c'était à l'avantage des deux parties. Le récit des circonstances qui préparèrent cette transaction nous reporte à la période du troc; on lutte d'habileté, on essaye de se duper; les envoyés de Saint-Hubert se rendirent l'abbé de Prum favorable par le récit d'anecdotes plus divertissantes les unes que les autres.

Cartulaire de Saint-Trond, I, 6 (927-964). — *Ibid.,* 140 (1180-93), " ..... commune allodium quoddam nobis inutiliter attinens, pro altero nobis utiliori, et procet visum fuit meliori, mutaverimus. „ — *Ibid.* (299-1261). Echange des biens situés à Jemeppe-sur-Meuse contre des propriétés à Saint-Trond. " .... commodis et utilitatibus ecclesie nostre consideratis. „

Livre de Guillaume, 50 (1262). Echange avec un chevalier. Elle lui donne des terres situées près d'une cour à lui, contre des terres situées près d'une cour à elle.

(1) *Cartulaire de Cambron,* I, 364 (1176) : " de precio ..... terram terris nostris non solum viciniorem sed et herentem, sed et interjacentem emimus. „

Cartulaire de Saint-Trond, I, 300 (1261). Vente de 4 bonniers quia a dicta curte (Donck) nimis erant ad colendum remota. „

Ibid., I, 314 (1264). Vente des propriétés de la Moselle pour 1500 marcs. " Summam pecunie in utilitatem ecclesie nostre conversam totaliter profitemur, bona videlicet immobilia, nobis vicina ac magis utilia ..... de dicta pecunia comparando. „

(2) *Gesta abbatum Trudonensium,* 1, 20. Achat de villas " .... plurima de thesauro ecclesie distraxit, inter cetera quidem calicem aureum magni ponderis et frontem auream de feretro Sancti Trudonis. — *Ibid.,* 54 et 91, aliénation de calices pour rétablir la situation de l'abbaye.

Cfr. *Gesta abbatum Gemblacensium* (M. G. SS. VIII, 547, 548, ligne 55; 594 ligne 49).

(3) Cfr. supra p. 18.

vaillée n'avait pas une valeur beaucoup plus considérable que la matière brute (1). Au XIe siècle, Saint-Trond acheta pour 700 marcs des propriétés à Villers le Peuplier et à Moxhe, pour 100 marcs toute la villa de Stayen et pour une somme non indiquée des biens à Herck et à Saint-Trond (2).

La belle période pour les achats est alors terminée ; ils ne redeviennent nombreux qu'au temps de l'abbé Guillaume (1248-1272) qni restaura les finances de l'abbaye.

Une transaction, en somme analogue à l'achat, est la " precaria remuneratoria „ : Un propriétaire donne ses biens à l'abbaye qui les lui rend en y ajoutant des biens à elle comme rémunération, le tout moyennant un cens souvent récognitif et le retour à l'abbaye de toute la propriété à la mort du possesseur. (3).

---

(1) Lamprecht-Marignan, op. cit. 296.
(2) *Gesta abbatum Trudonensium*, I, 19, 20.
(3) *Cartulaire de Saint-Trond*, I, 9 (956) : le cens ici est bien réellement récognitif, 6 deniers par an. — *Ibid.*, I, 11 (959) : le cens est assez élevé : 10 charrées de vin ou 50 sous.

STATISTIQUE POUR LA FORMATION DU DOMAINE.

I. DONATIONS.

INDICATIONS BIBLIOGRAPHIQUES.	Donateur.	MOTIFS DE LA DONATION.	NATURE ET IMPORTANCE DE LA DONATION.
Gesta abbatum Trudonensium, II, 97, 98 (657?)	Saint-Trond	Piété	Vastes domaines en Hesbaye et en Campine.
Ibid., 94 (657?).	Un chevalier	„	Villa de Seny.
Ibid., 95 (657?).	Le frère du précédent.	„	Villa près de Seny.
Ibid., 99 (680).	Des nobles	Font entrer leurs fils dans le monastère.	" Ampla patrimonia. „
Ibid., 103 (695).	Pepin II.	Piété.	Villas d'Ockerzeel et d'Oostham.
Ibid., 103 (695).	Plectrude.	„	Or et pierres précieuses.
Cartulaire, I, 1 (741).	Comte de Hesbaye.	„	Villas de Donck avec l'église, villas de Haelen, Schaffen, Velpen, Merhout avec leurs moulins.
Ibid., I, 4 (837).	Un noble.	„	Cour à Assent avec maison domaniale, six manses vêtus et une forêt.
Gesta, II, 127 (944).	Abbé de Saint-Trond.	„	6 vignes, 6 courtils et 1 maison à Pommeren.
Ibid., II, 128 (944).	"Quidam vir„	„	Provin et dépendances.
Cartulaire, I, 12 (967).	Le comte de Flandre.	„	Propriétés à Briedel.
Ibid., I, 14 (1023).	Le comte de Duras.	„	La moitié de la villa de Wilderen avec brasserie et demi-moulin.
Gesta, I, 17 (1055-1082).	Les pèlerins.	„	Plus de 100 livres d'offrandes par semaine.
Cartulaire, I, 18 (1055-56).	Un noble.	„	4 manses à Bertrée et 2 à Wattines.
Ibid., I, 26 (1080).	„	„	1 manse à Esemael.
Gesta, I, 55 (1090?).	L'évêque de Liège.	„	10 marcs.

INDICATIONS BIBLIOGRAPHIQUES.	Donateur.	MOTIFS DE LA DONATION.	NATURE ET IMPORTANCE DE LA DONATION.
Gesta, I, 154 (1108-36).	Un noble.	Piété.	1 alleud à Herbais.
Ibid., I, 156 (1108-36).	Un chevalier	Entrer dans la société des frères.	1 vigne à Pommeren.
Ibid., I, 157 (1108-36).	"Quidam vir„	Id.	4 vignes à Pommeren.
Ibid., I, 157 (1108-36).	Le comte de Duras.	Piété.	Des terres à Alst, Asbrouk, Stevoort.
Ibid., I, 157 (1108-36).	Un noble.	„	2 manses.
Ibid., I, 157 (1108-36).	"Quidam vir„	„	Une terre près de Saint-Trond.
Ibid., I, 172 (1108-36).	Une femme noble.	„	Une terre à Runckelen.
Cartulaire, I, 40 (1127).	Un évêque de Metz.	„	1 courtil.
Ibid., I, 47 (1138).	Un laïque.	Donation à titre de " precaria oblata „	5 courtils.
Ibid., I, 53 (1139).	Un bourgeois	Piété.	2 manses et 1 rente de 15 sous.
Ibid., I, 56 (1140).	Un évêque de Metz.	„	L'impôt sur la bière à Saint-Trond.
Ibid., I, 53 (1139).	Un " villicus „	„	1 cour avec terre, pré et dîme.
Ibid., I, 59 (1140).	Un bourgeois	Entrer dans la " société des frères. „	30 marcs.
Ibid., I, 64 (1144).	Une femme noble.	Oblation d'un fils.	8 arpents à Eemer, 1 cour, pêcherie et droit de glandée.
Ibid., I, 67 (1145).	"Quidam vir„	Piété.	33 marcs.
Ibid., I, 68 (1146).	Le comte de Duras.	„	Propriétés à Aleym avec église dotée.
Ibid., I, 78 (1149).	"Quidam vir„	Entrer dans la " société des frères. „	1 demi-vignoble à Bridel.
Ibid., I, 83 (1153).	"Quidam vir„	Donation à titre de " precaria oblata „	3 bonniers.
Ibid., I, 84 (1154).	„	Piété.	Grande et petite dîme de 6 manses.

INDICATIONS BIBLIOGRAPHIQUES.	Donateur.	MOTIFS DE LA DONATION.	NATURE ET IMPORTANCE DE LA DONATION.
Cartulaire, I, 101 (1161).	Comte d'Arlon.	Piété.	Tonlieu du vin à Rolduc.
Ibid., I, 104 (1161-63).	Evêque de Liège.	"	2 patronats et 1 dîme.
Ibid., I, 109 (1164).	Abbé de Saint-Trond.	"	2 tiers de dîmes à Aelst et 12 marcs de droits hypothécaires.
Ibid., I, 108 (1164).	Prévôt de Saint-Trond.	"	2 manses.
Ibid., I, 159 (1203).	"Quidam vir„	"	3 bonniers.
Ibid., I, 166 (1211).	"	"	Rachat d'un moulin hypothéqué par l'abbaye.
Ibid., I, 248 (1249).	Evêque de Cologne.	"	Eglise de Melveren.
Ibid., I, 283 (1252).	Un chevalier	"	Dîme.
Ibid., I, 258 (1253).	Un avoué.	Pour un pension.	1 moulin et demi.
Livre de Guillaume, 292 (1252).	"Quidam vir„	Piété.	18 grandes verges.
Ibid., 330 (1254).	"	"	1 bonnier.
Ibid., 260 (1256).	Un chevalier	"	1 muid de seigle.
Ibid., 308 (1256).	Un " villicus„	"	6 marcs de cens.
Ibid., 314 (1256).	Une femme.	Oblation d'un fils..	4 bonniers.
Ibid., 333 (1256).	Deux femmeˢ	Piété.	1 bonnier et 1 marc.
Ibid., 339 (1256).	Un forestier de l'abbaye.	"	1 demi bonnier.
Ibid., 360 à 362 (1257).	32 personnes	Reçoivent des pensions en terre et 110 marcs en argent.	
Ibid., 269 (1257).	"Quidam vir„	Piété.	15 bonniers de terre arable.
Cartulaire, I, 276 (1257).	"	Pension.	Maison et 15 bonniers.
Ibid., I, 283 (1257).	Un chevalier	"	Maison, terres et dîmes.

INDICATIONS BIBLIOGRAPHIQUES.	Donateur.	MOTIFS DE LA DONATION.	NATURE ET IMPORTANCE DE LA DONATION.
Livre de Guillaume, 309 (1258).	" Quidam vir et femina. „	Piété.	3 bonniers, 3 verges.
Ibid., 61 (1261).	Un bourgeois	„	1 muid de seigle par an.
Ibid., 63 (1265).	Un foulon et sa femme.	„	1 demi-maison.
Cartulaire, I, 310 (1265).	"Quidam vir„	Donation conditionnée.	1 demi dîmes de 5 manses contre possession viagère de 4 bonniers 3 verges.
Ibid., I, 335 (1265).	Un meunier.	Pension.	Le revenu de 4 bonniers.
Ibid., I, 326 (1265).	Une veuve.	Piété.	2 bonniers.
Gesta, II, 211 (1271).	Le prévôt de Saint-Trond.	„	660 livres de Louvain.
Cartulaire, I, 348 (1278).	Le sire de Heusden.	„	1 petite villa.
Ibid., I, 352 (1281).	Un chanoine.	Rente viagère.	12 bonniers 1/2 (terre et pré).
Ibid., I, 365 (1283).	Un avoué.	Pension.	Rente de deux muids de seigle.
Ibid., I, 410 (1300).	Un échevin.	Legs à un fils moine.	1 droit de mairie, 1 marc de de Liège, 1 tiers de dîme.

II. ECHANGES ET VENTES.

INDICATIONS BIBLIOGRAPHIQUES.	NATURE ET RAISON DE L'ÉCHANGE OU DE LA VENTE.
Cartulaire, I, 6 (927-964).	L'abbaye donne 6 manses à M..., 4 à B..., 3 bonniers à H..., 2 manses sur la C... contre 12 manses, 5 bonniers à E... et H....
Ibid., I, 15 (1023).	L'abbaye reçoit 30 bonniers à W... " pro concambio alias dato. „
Ibid., I, 140 (1180-1193).	Echange d'un alleud.
Ibid., I, 262 (1253).	Echange d'alleuds.
Ibid., I, 299 (1261).	L'abbaye cède en fief des revenus à V.... contre des biens à Saint-Trond.

16

INDICATIONS BIBLIOGRAPHIQUES.	NATURE ET RAISON DE L'ÉCHANGE OU DE LA VENTE.
Livre de Guillaume, 49 (1257).	Echange de 10 verges à Oreye.
Ibid., 50 (1262).	A Orcye l'abbaye donne 13 verges pour en avoir autant " juxta culturam suam. "
Ibid., "	Stipulation analogue.
Gesta, I, 157 (1103-36).	Vente de forêt de Metzeren parce qu'elle ces dévastée par les manants; on l'accense.
Ibid., I, 239 (1108-36).	Vente d'une terre près de Malines parce que des " raptores " en confisquent les revenus.
Cartulaire, I, 300 (1261).	Vente de 4 bonniers à Donck trop éloignés de la cour pour pouvoir être cultivés avec profit.
Ibid., I, 313 (1264).	Vente des biens de Saint-Trond dans le pays de la Moselle pour se libérer de ses dettes et acheter des propriétés plus rapprochées de l'abbaye.

III. ACHATS.

INDICATIONS BIBLIOGRAPHIQUES.	IMPORTANCE DE L'ACHAT ET PRIX.
Gesta, I, 20 (1055-1082 .	Propriétés à Villers le Peuplier et à Mosche pour 700 marcs.
Ibid., I, 19-20 (1055-1082).	Propriétés à Herck et à Saint-Trond.
Ibid., I, 20 (1055-1082).	Villa à Stayen pour 100 marcs.
Ibid., I, 157 (1108-38).	Une tiers de dîme à Stayen.
Ibid., II, 27 (1138-45).	Un alleud à Hakendover qui rapporte 7 sous.
Cartulaire, I, 278 (1257).	9 bonniers, 35 verges à Borloo et 2 rentes sur 2 cours, l'une rente d'un demi-muid de seigle, et 6 deniers liégeois, l'autre de 6 deniers et 2 chapons, pour 36 marcs de Liège.
Ibid., I, 295 (1260).	2 huitièmes de dîme à Borloo pour 150 marcs de Liège.
Ibid., I, 308 (1264).	1 demi manse à S.... pour 46 marcs 18 sous de Liége.
Cartulaire, I, 319 (1264).	La moitié de la maison des Echangeurs pour 9 marcs.
Ibid., I, 354 (1281).	L'avouerie de Helchteren avec des propriétés à Helchteren et Dolen pour 300 marcs.

INDICATIONS BIBLIOGRAPHIQUES.	IMPORTANCE DE L'ACHAT ET PRIX.
Livre de Guillaume, 129 (1259).	" 8 jugera „ pour 10 livres de Louvain et 5 sous de Hollande.
Ibid., 130 (1259).	2 areae pour 6 livres, 5 sous de Louvain.
Ibid., 261 (1256).	1 bonnier à Stayen pour 70 sous de Louvain.
Ibid., 276 (1256).	4 bonniers et demi à Stayen.
Ibid., 285 (1248-1265).	48 bonniers, 5 verges grandes, 14 petites achetés à Borloo par l'abbé Guillaume.

Les statistiques qui précèdent, nous permettent de conclure :

1° Le domaine de Saint-Trond a été constitué essentiellement par des donations.

2° Jusqu'au XIIe siècle les donations, en majeure partie, sont inspirées par des motifs religieux.

3° Si les donations pieuses se rencontrent jusqu'à la fin du XIIIe siècle, les donations conditionnées, en vue d'entrer dans la " Société des Frères „ ou d'obtenir une pension alimentaire, sont très fréquentes pendant les XIe, XIIe et XIIIe siècles.

4° Les donations très importantes sont antérieures au XIe siècle; elles sont toutes le fait de grands seigneurs. Les donations postérieures sont bien moins considérables et plusieurs sont faites par des bourgeois.

5° Les grands achats datent du XIe siècle. Les achats sont encore nombreux dans la seconde moitié du XIIIe (époque de restauration financière pour Saint-Trond) mais ils sont en somme peu importants.

6° Les deux exemples de " precaria remuneratoria „ sont du Xe siècle.

2

7⁰ Les ventes de propriétés ne commencent qu'au XIIᵉ siècle.

L'histoire de la formation du domaine de Saint-Trond comprendrait ainsi : 1⁰) une période allant de la fondation de l'abbaye jusqu'à la fin du XIᵉ siècle pendant laquelle l'abbaye agrandit son domaine par donations et par achats ; 2⁰) une période de stagnation comprenant le XIIᵉ siècle et la première moitié du XIIIᵉ siècle, jusqu'à la réorganisation par l'abbé Guillaume (1249-1272).

Je tiens ici à rencontrer une objection possible. On me trouvera osé de tirer des conclusions si importantes, ne disposant que d'un nombre de faits restreint en somme. Mais le processus que je viens de décrire se retrouve sensiblement le même dans l'histoire économique des autres abbayes (1). La valeur de mon induction est donc renforcée par son analogie avec une induction plus générale.

Je dirai en terminant ce chapitre un mot des difficultés que Saint-Trond eut à surmonter pour constituer son domaine. On voit mieux combien grande était la force d'attraction des abbayes au moyen-âge quand on se rend compte du caractère si précaire à cette époque des donations et des achats.

L'église avait obtenu très tôt que l'on fût libre de tester en sa faveur, mais les nombreuses stipulations ajoutées aux chartes de donation prouvent la persistance de l'ancienne conception du droit de propriété collective de la famille.

1⁰ L'abbaye avant la mort du donateur ou celui-ci à ses derniers moments tâchait d'assurer le consentement des héritiers. Le comte Arnould de Chiny prie son fils de consentir à une donation de deux dîmes qu'il fait à Saint-Hubert " quia . . . . . nullum donum hereditarii juris facere poterat sine ejus consensu „ (2).

---

(1) Cfr. Lamprecht, *Deutsches Wirtschaftsleben*, I², 670, sqq.

(2) *Cantatorium*, 333. *Cartulaire de Saint-Trond*, 83 (1153). *Livre de Guillaume*, 339 : un legs " consentiente uxore et G. filio. „

2o La donation était signifiée par écrit, ratifiée par le pouvoir public et la transmission devait se faire sans que le juge eût à intervenir (1).

3o Pour prévenir toute contestation, on faisait appel aux sentiments de piété des héritiers ou on les menaçait des peines éternelles. Godefroid le Barbu dit à son fils que s'il s'opposait à ses donations à Saint Hubert " salutati paternae deficeret in hac suprema necessitate „ (2).

4o On renforçait la valeur de la charte par la signature de nombreux et importants témoins (3).

5o S'il s'agissait d'une vente, le vendeur fournissait caution à l'acheteur en cas de reprise possible. En 1259, un certain Ambroisius vend à l'abbaye 60 arpents à Alem. Son époux, ses fils et ses filles renoncent à tout droit sur la terre vendue ; cependant Ambroisius donne des fidéjusseurs " de warandia predictorum bonorum infra annum contra omnes qui in dictis bonis aliquid juris forte dicerint se habere „ (4).

6o Ou bien la vente était précaire par le fait qu'elle était à réméré (5). Il est vrai que les conditions stipulées en cas de rachat rendaient celui-ci fort improbable, par exemple (6) a/ le rachat doit se faire dans les trois années qui suivent la vente; b/ les vendeurs doivent racheter de leurs propres deniers, c/ ils doivent cultiver eux-mêmes la terre rachetée ou la donner en culture à l'abbaye, d/ ils ne pourront la revendre plus cher qu'ils ne l'ont vendue jadis et l'abbaye aura droit de préemption.

---

(1) *Cartulaire de Saint-Trond*, I, 25 (1080) " quam donationem ratam et inconvulsam et liberam ab omni jure suo et posterorum suorum permanere volens, ecclesie scripto signari et banno publico firmari petiit. „ Cfr. *ibid.*, I, 9 (956), 11 (959) " ab ullius contradictione vel judicis assignatione. „

(2) *Cantatorium*, 245. Cfr. *Cartulaire de Saint-Trond*, I, 14 (1023)

(3) *Cartulaire de Saint-Trond*, I, 14 (1023).

(4) *Livre de Guillaume*, 132.

(5) *Ibid.* 314, 315 (1265).

(6) *Ibid.* 129 (1259) pour une vente de terres à Aleym.

Ce luxe de précautions n'empêchait pas les volontés du donateur ou du vendeur d'être souvent méconnues (1). L'excommunication ne faisait pas grand effet (2) et ce n'était suivent qu'au prix de concessions que l'abbaye réussissait à conserver son bien (3).

Difficulté également lorsqu'on acquérait une terre de vassal : en vertu de la conception du domaine éminent, le suzerain devait consentir à toute aliénation faite par son vassal et ce consentement se payait parfois bien cher. En 1281, l'abbaye acheta l'avouerie de Helchteren et des propriétés qui s'y rattachaient. L'avoué Eustache de Hamal étant vassal du comte de Looz ; elle compta à l'avoué 200 marcs et 100 marcs au comte pour obtenir son consentement à la vente (4). On voit même intervenir dans une donation les deux familles du vendeur et du suzerain (5).

Puis, lors de la guerre des investitures, le domaine de l'abbaye fut ébréché par les usurpations des grands seigneurs voisins, des abbés intrus et des évêques impé-

---

(1) Cfr. *Livre de Guillaume*, 210 (1262), l'opposition faite par les parents d'un moine qui a fait un legs à Saint Trond. *Ibid.* 330 : Legs d'une femme Masula : les fils s'y opposent. *Cantatorium*, 245, 255, 304 : Une donation de Godefroid le Barbu à laquelle son fils Godefroid le Bossu avait longtemps fait opposition, fut encore contestée par Godefroid de Bouillon le petit-fils qui cependant par un acte en due forme avait déjà ratifié la donation de son aïeul. Cfr. *Cartulaire d'Orval*, 409 (1264). L'abbaye d'Orval possédait depuis plus de 30 ans un pré qu'elle avait reçu en don ; un parent du donateur réclamait ; l'abbaye dut faire confirmer la donation par l'héritier direct du défunt.

(2) *Cartulaire de Saint-Trond*, I, 79 (1150). Le comte de Duras avait donné l'alleu d'Alem ; le neveu fit opposition. " Bonum nostrum increvit et licet exinde ab episcopo excommunicatus ab incepto desistere noluit. „ En 1253 encore. l'abbé " ad spiritualem gladium se convertit „ (*Livre de Guillaume*) 207.

(3) *Ibid.*, I, 327 (1265). *Livre de Guillaume*, 330, 331.

(4) *Ibid.*, I, 354. Le consentement du suzerain peut lui même faire l'objet d'une donation. *Cartulaire d'Orval* (1185-1207). Simon duc de Lorraine permet à ses sujets de faire toute espèce de donation à l'abbaye d'Orval.

(5) *Ibid.*, 129 (1200).

rialistes (1). Le bien usurpé était perdu pour jamais (2) ou
il était repris, mais après combien de temps et au prix
de quels sacrifices! (3).

---

(1) *Gesta abbatum Trudonensium*, I, 21, 50 à 53, 61, 145 à 149, 151
à 155.
(2) *Ibid.*, I, 69, église de Foncé; *ibid.*, 238, huit chapelles dans le
Testrebant.
(3) *Cartulaire de Saint-Trond*, I, 390 (1292) pour la forêt de H....
Gesta abbatum Trudonensium, I, 146. *Livre de Guillaume*, 171 (1258).
Un chevalier de Dovern renonce à son lit de mort à un bien usurpé et
fait un legs.

CHAPITRE II.

ORGANISATION DOMANIALE.

CONSIDÉRATIONS GÉNÉRALES.

Les propriétés de Saint-Trond étaient éparpillées
dans le Limbourg actuel, les provinces de Liège et d'Anvers,
le Brabant septentrional. L'abbaye possédait en
outre une villa à Provin près de Lille et des biens dans
la Prusse Rhénane et dans la vallée de la Moselle (1). Ce
domaine s'étendait donc en pays roman comme en pays germanique,
chose fréquente en Belgique, tant pour les grands
propriétaires laïques (Renier au long Col, Gislebert) que
pour les monastères (Saint-Pierre de Gand, Saint-Bertin,
Eename) (2). Saint-Trond compta toujours des moines
wallons : le célèbre abbé Rodolphe, par exemple, était un
Hennuyer des bords de la Sambre. L'état des documents ne
permet pas de déterminer le nombre de manses détenus
par Saint-Trond, mais l'abbaye peut être considérée comme
possédant un *très grand domaine*. On admet qu'il faut de
1000 à 2000 manses pour constituer un *grand domaine* (3) et
au XIIe siècle notre abbaye avait inféodé 1100 manses à ses
avoués (4). Ajoutons que les moulins étaient banaux et que
l'abbaye avait le droit de grute, c'est à dire, le droit de

---

(1) Cfr. la carte dressée par M. Pirenne dans le *Livre de Guillaume.*
(2) PIRENNE, *Geschichte Belgiens*, I, 48, 147.
(3) LAMPRECHT, *Deutsches Wirtschaftsleben*, I², 703.
(4) *Gesta abbatum Trudonensium*, I, 265.

fabriquer le gruau ou la drêche employée pour la préparation de la bière (1).

A ces sources de revenus, il faut en ajouter d'autres de nature ecclésiastique. L'abbaye avait la collation de 35 églises et les dîmes lui appartenaient en tout ou en partie dans 34 localités (2). Enfin elle percevait l'obole banale en 1139 dans 98 paroisses des doyennés de Saint-Trond, Léau et Jodoigne (3).

Le domaine de Saint-Trond était un organisme économique complet et se suffisant à lui-même. Cela est aisé à comprendre : les relations commerciales étant fort rares antérieurement aux XIIe et XIIIe siècles, l'abbaye avait fait en sorte que son domaine lui fournît tout ce dont elle avait besoin. C'est là la raison de l'importance qu'elle attachait à ses possessions de la Moselle d'où elle tirait son vin et à ses possessions du Testrebant qui lui fournissaient le poisson.

Et d'abord, comment fonctionnait cet organisme? Pour s'en rendre compte, il faut connaître le milieu auquel il devait s'adapter. Si l'on jette les yeux sur la carte des domaines de l'abbaye, on se trouve en présence d'un éparpillement de biens qui s'explique par la façon presque uniquement mécanique (j'entends par des donations) dont s'est constituée cette grande propriété.

L'organisation économique qui apparaît dans le *Capitulare de villis* (4) ne pouvait se retrouver à Saint-Trond. Là, l'unité économique est le fisc. A sa tête est le " judex „ intendant suprême qui réside dans la cour domaniale, exploite les terres qui s'y rattachent et lève les prestations des tenanciers. Une partie des revenus est consacrée aux nécessités de l'exploitation; le reste forme le " servitium „

---

(1) *Cartulaire de Saint-Trond*, I, 20 (1060).
(2) Cfr. la carte du *Livre de Guillaume*.
(3) *Cartulaire de Saint-Trond*, I, 50.
(4) Pour le *Capitulare de villis* voy. K. Gareis, *Die Landgüterordnung Kaiser Karls des Grossen*. Berlin, 1895.

l'ensemble des produits que le roi et sa suite viennent consommer sur place. Le " judex „ tient une comptabilité et, à la fin de l'année, dresse un état des recettes et des dépenses. Il n'est soumis qu'au contrôle du sénéchal et du bouteillier représentants du seigneur.

Le fisc est un ensemble de cours censives ou villications et d'exploitations particulières : moulins, brasseries, pêcheries, forêts. Il forme un tout compacte. Le " judex „ placé au-dessus des maires et des chefs des petites exploitations, concentre en ses mains presque toute l'autorité ; l'action du propriétaire est pour ainsi dire nulle. A Saint-Trond, au contraire, si l'on excepte les terres qui environnent l'abbaye, il n'y a pas de grande propriété d'un seul tenant. Les villas de l'abbaye sont dispersées et souvent celle-ci ne possède dans une villa que quelques manses. Le maire est au premier plan de l'exploitation domaniale et les moines ne venant pas consommer les revenus sur place, le tout se dirige vers Saint-Trond. En dernière analyse, les attributions du pouvoir central sont devenues plus nombreuses et plus importantes.

Deux points donc à développer : 1o l'organisation locale ; 2o l'organisation centrale. Les documents nous font défaut pour la longue période qui s'étend de la fondation de l'abbaye à la fin du XIe siècle. Pour le XIIe siècle nous sommes en état de décrire l'organisation de la prévôté de Saint Trond, des villas de Haelen et de Provin ; puis durant un siècle (1150 à 1260) les textes redeviennent peu nombreux. Enfin le *Livre de Guillaume* et les chartes annexées par Lamprecht à son " *Deutsches Wirtschaftsleben* „ permettent de retracer le tableau des organisations locale et centrale pour la seconde moitié du XIIIe siècle.

I.

ORGANISATION LOCALE. (1)

Là où les documents me permettaient de décrire un organisme administratif, je n'y ai pas manqué. J'ai procédé par petites monographies. Les divers groupes de propriétés se trouvant, en effet, dans des conditions économiques différentes, situées les unes en Hesbaye, les autres dans le Brabant septentrional, la Flandre française ou le pays de la Moselle ne reçurent pas de l'abbaye une organisation identique et les villas laissées à elle même s'organisèrent de façon plus ou moins indépendante. Mais une vue d'ensemble sur les transformations du domaine présente un intérêt considérable et j'ai rassemblé dans un dernier paragraphe les caractères généraux de l'évolution.

§ I.

L'OBÉDIENCE DE LA PRÉVÔTÉ DE SAINT-TROND.

Cette obédience offre quelque ressemblance avec un fisc royal : une cour centrale à Saint-Trond où vont s'entasser les produits des terres domaniales exploitées par l'abbaye : quatre grands prés à Metzeren et à Melveren et des terres arables qui, à l'époque de la moisson, réclament pendant plusieurs jours le travail de 127, parfois de 187 faucheurs. Comme exploitations particulières : une brasserie à Metzeren, deux moulins à Melveren et des fours; enfin des

---

(1) Pour ce qui suit, voy. le fragment de polyptyque publié par M. Daris dans les *Analectes pour servir à l'histoire ecclésiastique de la Belgique*, t. XIV, 31 à 35.

tenures dépendantes réparties à Metzeren, Melveren, Milen, Baltershoven, Rochendal, Gorssum, Aelst, Borloo et Meer.

Les tenures consistent en manses, demi-manses et " curtes. „ Nous trouvons mentionnés :

Metzeren . . . . . 6 manses, 10 curtis, terram pontis.
entre Milen et Melveren 4   „
Baltershoven . . . 2   „
Grosbruch 1   „
Saint-Trond . . . . 1½ „
Rochendal . . . . 1¼ „
Milen et Melveren . .   curtis.
Aelst . . . . des terres.
Borloo . . . .   „
Meer . . . . , ...   „

A) *Un demi-manse à Saint-Trond.*

Les tenures sont occupées par des " mansionarii „ et des " curtillani. „ Le tenancier est astreint à des corvées et à des redevances en nature et en argent. Exemples :

A la Saint Remi . . | 7 minores modios spelte.
                    | 6 modios avene, 1 mod. brasii.

B) *Manse de Baltershoven.*

A la Saint Remi . . | 14 mod. spelte cum minori modio.
                    | 14 mod. drace.
A Pâques . . . . . | 12 denarios.
                    | 1 gallinam.
                    | 12 ova.
A Noël . . . . . . | 4 carratas minuti ligni.
                    | Arat et excolit 1 hiemale bonua-
                    | rium et 1 estivale et accepto
                    | semine de dominicali horreo
                    | serit, metit et in idem horreum
                    | reponit.
                    | Claudit in curte 30 paxillos.

c) *6 manses à Metzeren.*

A la Saint-Lambert .	5 solidos.
A la Saint-Remi, à la Saint-Trond, à Noël, à Pâques.	4 charretées de bois pour les 4 jours.
A la Saint-Remi et à la Saint-Trond . . .	1 anserem vel duas gallinas.
	Lecta ad opus hospitum.
	Transport de 3 charrées de foin du pré " Portarii. „
	" Culturam abbatie colunt et colligunt et fimum de curte super eam convehunt. „
	Fenum colligunt et suis plaustris ad curtim devehunt quisque mansus tres carratas.
	N. B. — Les jours où ils fournissent les corvées, les tenanciers reçoivent du pain et de la cervoise.

Tels sont les prestations et les cens dus par les " mansionarii „ et les " curtillani. „ A côte d'eux, les " molendinarii „ livrent un cens en argent, gardent le foin avec les masuirs et envoient des faucheurs à la moisson.

On parle aussi de " secundiferiales „ (1) à Milen et Melveren qui fanent et transportent dans la cour dominicale le foin du pré le " Brul „ (2), envoient 11 faucheurs pour la moisson et paient chacun une poule à la Saint-Remi et à la Saint-Trond.

Des " servientes de curti „ et des " operarii „ récoltent le foin : à l'époque de la moisson, la cour de Saint-Trond envoie 57 faucheurs, probablement des serfs sans terre travaillant pour l'abbaye et entretenus à ses frais.

Enfin des " bubulci „ servent à transporter le foin et à recueillir les prestations de poules.

---

(1) Ce sont sans doute ceux qui " omni secunda feria 11 carratas lignorum ad curtim devehunt. „

(2) Pré à Webbecom, *Livre de Guillaume*, 332.

Des fonctionnaires perçoivent ces redevances et surveillent la prestation des corvées. Sur quelques-uns d'entre
eux, notre texte donne des renseignements fort importants.

A) **Le prévôt.** Le prévôt de Saint-Trond exerçait la
juridiction domaniale. Les tenanciers ont besoin de son
assentiment pour pouvoir hypothéquer leurs cours, terres,
biens héréditaires. Les plaids se tiennent en sa présence et
tous les revenus lui parviennent.

Précisons la nature et l'importance de ses fonctions
économiques :

1o Il fournit matin et soir la cervoise à ces seigneurs
de passage à Saint-Trond auxquels l'abbé doit un " plenum
servitium.

2o De même, la cervoise qui entre dans la saumure,
lorsque l'abbé envoie de l'esturgeon à l'évêque de Metz.

3o En mars, il donne 3 lamproies à l'abbé.

4o Chaque année, à ceux qui cultivent les terres de
l'abbaye, 9 muids de cervoise de la brasserie de Metzeren.

5o En mars il livre 6 nouvelles charrues avec roues et
doit les remplacer dans le cas où elles se briseraient; il
livre aussi 6 coutres et 6 socs; et donne au forgeron le fer
pour les réparer.

6o A la Saint-Jean il fournit 6 chars pour le transport
du foin, du grain et du bois.

7o Il donne 2 herses avec les cordes aux forestiers de
la cour de Metzeren.

8o Il contribue à fournir le " servitium „ des frères
avec ce qui reste des 15 sous que le judex emploie pour
faire faucher un pré à Metzeren.

9o Il surveille la récolte, le tranport et la rentrée du
foin d'un pré Metzeren (1), ainsi que la récolte des blés
d'hiver et des blés d'été; sa présence sur les champs
pendant la moisson est exigée pour toute la journée et il ne
peut quitter qu'avec les derniers chariots.

Cette énumération des fonctions du prévôt confirme ce

---

(1) *Gesta abbatum Trudonensium*, II, 24, (1138-1145). Operarii
prepositi fenum prati Meceres secant.

que dit Guérard " l'officier qui paraît répondre au judex du
Capitulare de villis est parfois le prepositus „ (1). Seulement il faut remarquer que le prévôt est à Saint-Trond
bien moins indépendant du pouvoir central que le " judex „
carolingien.

B) **Sont subordonnés au prévôt :**

a) les " *forestarii dominicales* „ le nom l'indique, sont
préposés à l'administration des forêts qui appartiennent en
propre à Saint-Trond; ils sont en même temps chargés
d'attributions de nature économique. On trouve mentionnés
ceux de Metzeren, Niel et Melveren. Ils apportent au maréchal de l'abbaye les lits pour les besoins du seigneur qui à
Saint-Trond a droit au " plenum servitium. „ Ils aident en
outre à rentrer le foin de l'abbaye; le forestier de Meer s'il
en est requis, amène 28 faucheurs pour faire la moisson.

b) les " *villici* „ de Meer et de Melveren; le " decanus „
de Borloo surveillent l'exploitation par les corvéables des
propriétés du monastère (2).

C) **Le judex.** Le judex est chargé d'attributions économiques et juridiques. Comme fonctionnaire justicier, il est
lieutenant du prévôt, tient les plaids en sa présence dans
toute l'étendue de la prévôté. Comme fonctionnaire économique, il fait faucher le " pratum portarii „ de Metzeren,
aide à rentrer le foin à Saint-Trond, surveille le récolte et
l'engrangement de la moisson et ne peut quitter le champ
qu'avec les derniers chariots. A la Saint-Remy enfin, il doit
livrer " quinque membra unius vacce „ et reçoit en retour
une portion de poisson. Durant toutes ces journées de travail qu'il consacre au service de l'abbaye, il a droit à un ou
deux pains et à un setier ou un demi-setier de vin.

A la Saint Remy et à la Saint Trond, il perçoit le cens
" de censuali terra „ soit quatre livres qu'il paye au prévôt.
La veille de la Saint Lambert, il perçoit 30 sous des

---

(1) Guérard, *Polyptique d'Irminon*, I, 436.
(2) Le *Livre de Guillaume*, 284 (1270) mentionne l'existence à
Borloo d'un " decanus curie. „

30

6 manses de Metzeren et les envoye pour le " servilium „
de l'abbé alors à Liège.

Le " judex „ apparait aussi dans la chronique et le
cartulaire. Une charte de 1138, intercalée dans la chronique
fait mention du " judex „ Everardus (1); c'est le fils du
" judex „ Uldericus appelé aussi " villicus „ (2); le même
Everardus en 1139 est désigné du nom de " scultetus „ (3);
en 1146, le judex apparaît comme fonctionnaire justicier :
il préside le plaid lorsque des causes graves sont portées
devant le tribunal de la cour de Haelen et le maire lui rend
compte des revenus justiciers (4) " in omni banno et sturmo
" et fure, nichil juris habet, nec de his placitare debet sine
" abbate vel preposito vel judice „ et plus loin, " in omni-
" bus judiciis et debitis, respondet judici et judex abbati. „

En 1157, Everardus est envoyé Cologne par l'abbé
Wericus pour surveiller des réparations à la maison de
l'abbaye (5). C'est ici la dernière fois que le " judex „
apparaît chargé d'attributions économiques; il n'est plus
dès lors qu'un simple fonctionnaire justicier (6).

En résumé donc, dans le fragment de polyptyque
publié par M. Daris, le " judex „ se montre à nous à la fois
comme un fonctionnaire économique et un fonctionnaire
justicier, ses attributions s'exercent comme celles du
" judex „ dans le *Capitulare de villis* sur tout un ensemble de villas. Je n'ose cependant l'identifier au judex
carolingien car il n'est ici que le représentant du prévôt et
il se peut fort bien qu'il ne soit apparu qu'assez tard, le
prévôt ayant senti le besoin de se décharger d'un partie de
de ses fonctions. M. Lamprecht a d'ailleurs établi que le

(1) *Gesta abbatum Trudonensium*, I, 228.
(2) *Ibid.*, I, 148.
(3) *Ibid.*, II, 24.
(4) *Cartulaire de Saint Trond*, I, 70.
(5) *Gesta abbatum Trudonensium*, II, 38.
(6) Cfr. le *Livre de Guillaume*, 142 à 148 pour l'histoire postérieure
de l'écoutétat.

" judex „ des grandes propriétés des XIIᵉ et XIIIᵉ siècles, ne se rattache pas au judex carolingien (1).

---

§ II.

LES VILLAS DE HAELEN ET DE PROVIN.

1º **Haelen**. Cette villa avec tous ses appendices appartient à l'abbaye en vertu d'une donation de 741 (2). L'abbaye y possède un autel en 1107 (3) et vers les années 1108-1136 un moulin donné en bénéfice (4).

Une charte de 1147 fixe les droits respectifs de l'abbaye et du maire et nous renseigne ainsi sur l'organisation de la villa (5). Elle comprend des cours domaniales, des exploitations particulières (brasserie, pêcherie), enfin des terres occupées par des masuirs (mansionarii). (6)

Des cours domaniales, ce que nous en savons, c'est que l'abbaye en retirait des deniers, de l'avoine et des chapons.

Les exploitations particulières sont soustraites à l'autorité du maire. Les " caupones „ (7) et les " piscatores „

---

(1) *Deutsches Wirtschaftsleben*, I², 737. J'ajoute toutefois qu'il ne s'est occupé que des " judices „ du pays de la Moselle.
Cfr. sur les " judices „ à Stavelot Malmédy un diplôme de l'empereur Conrad II du 9 février 1140 dans Miraeus. Op. dipl. 1. 688. L'abbé Wibald s'était plaint " quod ministeriales sui curtium suarum ministeria id est judiciarias potestates et villicationes per feudum et hereditario jure vellent obtinere. „ L'empereur décide " quod nullus judex qui vulgo scultetus dicitur, nullus villicus qui vulgariter major vocatur, ministerium suum, diutius habere et retinere valeat, nisi quamdiu cum gratia abbatis deservire queat... „ Les deux sortes de fonctions sont donc nettement distinctes.

(2) *Cartulaire de Saint Trond*, I, 2.

(3) *Ibid.*, II, 31.

(4) *Gesta abbatum Trudonensium*, II, 147.

(5) *Cartulaire de Saint Trond*, I, 70.

(6) L'abbaye y avait pourtant perdu plus de 30 manses dans l'intervalle des années 1108 à 1136. Cfr. *Gesta abbatum Trudonensium*, I, 272. " In villa Hales plus quam triginta mansos novo modo tempore perdimus inter domnum R... advocatum et illos de C... „.

(7) Taverniers ou Cabaretiers

n'ont à répondre que devant l'abbé. Toutefois ces derniers ont à présenter au maire les poissons qui ont une valeur d'au moins 4 deniers; le maire les achète pour le compte de l'abbaye. La brasserie (camba) est exploitée par un " cambarius „ qui aquitte un droit (jus dare).

Quant aux redevances fournies par les dépendants, il est fait mention 1º de prestations en argent et en nature (des deniers, de l'avoine, des chapons), 2º d'un cens capital payé par les " censuales „ de la villa, et rapportant à l'abbaye 15 sous à la Saint-Thomas et 15 sous à la Purification de la Vierge, 3º de licences de mariages s'élevant à 9 deniers dont 3 pour le maire et 6 pour l'abbé.

Le maire. Le maire dirige l'administration de la villa; il est à la fois fonctionnaire justicier et fonctionnaire économique. Juge, il préside le plaid, le tribunal bas-justicier; mais pour les causes très graves " in omni banno et sturmo et fure „ il ne peut tenir le plaid sans la présence de l'abbé, du prévôt ou du judex. Il doit leur répondre de tous les revenus de justice. Les jours de plaid " 3 generalia placita et 3 placiti noctes „ il fournit le " servitium „ à l'abbé, le vin, le pain et procure la provende à ses chevaux.

Administrateur, il est chargé de percevoir les redevances et le cens capital dus par les tenanciers.

Nous connaissons le détail des revenus que lui valent ses fonctions :

1º une partie des redevances des masuirs;

2º trois deniers sur les licences de mariage;

3º chaque année un arbre de la forêt de valeur moyenne;

4º le droit payé par le brasseur plus un muid et un halster de cervoise;

5º le droit de faire paître un de ses chevaux tantôt dans les prés de l'abbaye tantôt dans ceux des masuirs lorsque ces prés sont surveillés;

6º Une terre à Meldert en fief.

Telle est en 1147 la condition du maire de Haelen; mais cette situation privilégiée est la fin d'un développement que la chronique de Saint-Trond nous permet fort heureusement de suivre. Pendant la guerre des Investitures, vers 1093, l'abbé intrus Hériman, chassé de l'abbaye, se réfugie à Haelen auprès du maire et tous deux pendant plus d'un an dilapident les revenus de la villa (1). Le maire Jean continue ses déprédations après le départ d'Hériman. Pendant dix ans, il dévaste les biens de l'abbaye, forêts, cultures, pêcheries; il s'empare d'un alleu à Meldert, donation pieuse des comtes de Duras, qui chaque année rapportait plus de 20 sous et prétend le tenir en fief. L'abbé Rodolphe parvient enfin à lui enlever ses fonctions, son fief et son bénéfice et à le replacer sous le pouvoir (in potestate) de l'abbaye (1108-36) (2).

Ainsi donc, ce maire a un bénéfice et un fief et pourtant il est dans un état de dépendance personnelle; c'est un homme de " poesté. „ Nous voilà reportés au *capitulare de villis* où Charlemagne recommande de choisir les maires parmi les gens de condition inférieure, de crainte qu'ils ne se rendent trop puissants. Mais en fait, le maire de Haelen est un personnage important dont les fonctions tendent à devenir héréditaires. Un an et demi ne s'est pas passé depuis la déposition du père que le fils, Macaire, reçoit la mairie et l'héritage paternel. Lui aussi voudrait s'approprier cette terre de Meldert que son père avait convoitée, et comme son père encore, mérite, par ses exactions de se la faire enlever (3). Néanmoins en 1145, il réapparaît comme maire de Haelen. Il a fortifié sa demeure, l'a entourée de fossés et continue ses déprédations. Mais l'abbé de Saint-Trond est alors Gérard de Duras, frère d'Othon de Duras avoué de l'abbaye. Celui-ci vient à Haelen, expulse Macaire avec sa femme et ses enfants et comme il ne peut le faire venir à résipiscence, fait

---

(1) *Gesta abbatum Trudonensium*, I, 67 et 166.
(2) *Ibid.*, I, 272.
(3) *Ibid.* I, 166-167.

combler ses fossés, abattre ses tours et raser sa maison (1). Et pourtant en 1146 déjà, Macaire est rentré en possession de la villication et la charte qui fixe ses droits lui reconnaît définitivement la possession de cette terre de Meldert depuis si longtemps convoitée (2).

J'ai dit plus haut un mot des exploitations particulières à Haelen. Un siècle plus tard, en 1261, le lien qui les relie à la cour domaniale s'est relâché. Le bénéfice d'un " piscator „, est devenu son fief; lui-même est un vassal de l'abbaye et la pêcherie, elle aussi, est inféodée (3).

2° Provin. En 967, la villa de Provin est donnée à l'abbaye par Berthe comtesse de Flandre " cum mancipiis, terris, decimis, silvis, pratis, aquis, aquarum que decursibus (4).

Comme on le voit par des chartes de 1107, 1161, 1178, l'abbaye y possède les deux tiers de la dîme (5). Thierry comte de Flandre, confirmant en 1146 les donations de ses prédécesseurs, détermine les droits de l'abbé, du prévôt et du maire de la villa : des contestations avaient nécessité un arrangement (6).

Le prévôt de la cour " prepositus curtis „ est l'administrateur en chef de la villa. La mention de corvées, trois jours en août pour la moisson et trois jours en mars et en automne pour les semailles, témoigne d'une exploitation directe de la part de l'abbaye. La charte nous est parvenue en si mauvais état qu'il y manque le passage où l'on mentionne ceux qui ont à fournir ces journées de travail, mais il est évident qu'il s'agit des " coloni

---

(1) *Gesta abbatum Trudonensium*, II, 28, 29.

(2) *Cartulaire de Saint Trond*, I, 71.

(3) *Livre de Guillaume*, 62 " A. de B... emit terram que habet 3 sillas et dimidiam ..... pro 9 lib. lov. contra J. de Haelen piscatorem, vassallum nostrum et pertinebat illa terra ad feodum dicti Jacobi cum piscatione „.

(4) *Cartulaire de Saint Trond*, I, 72.

(5) *Ibid.*, I, 30-31 et 98-99.

(6) *Ibid.*, I, 72.

et hospites terre „ que nous voyons chargés de l'entretien des bâtiments seigneuriaux.

Le maire préside le plaid où se rend la justice domaniale, surveille les prestations de corvées, lève les cens dus par les tenanciers et leur donne l'investiture de leurs terres. Il perçoit en retour le tiers des amendes infligées lors du plaid, a droit à certains revenus lors de l'investiture d'un tenancier et détient un bénéfice. Le prévôt lui doit annuellement deux paires d'éperons et la nourriture les jours où il surveille la prestation des corvées.

Son bénéfice (terra sua) est devenu dès lors un véritable fief pour lequel il doit à l'abbé hommage et serment de fidélité.

Les tenanciers sont astreints à des corvées pour cultiver la terre domaniale (neuf jours par an) et faire du bois en cas de réparation des édifices de la cour. Ils acquittent des prestations et un droit de relief consistant en deux gants remplis de monnaie " cyrotecas denariorum „ pour les terres qu'ils détiennent héréditairement.

Du temps de l'abbé Rodolphe, la villa de Provin rapportait plus de 10 livres par an (1). Un siècle plus tard, en 1246, transformation complète : le maire et les masuirs n'ont plus à répondre au prévôt mais à un certain Lambinus de Douai qui a pris à ferme la villa moyennant de 150 livres tournois chaque année (2). Le bail est à temps car on lit dans le cartulaire " post terminum elapsum quo predicta bona tenere habet Lambinus. „ En 1264, la cour de Provin est affermée à Johannes Remensis pour 120 marcs de Liège (3).

---

(1) *Gesta abbatum Trudonensium*, I, 275.
(2) *Cartulaire de Saint Trond*, I, 224.
(3) *Livre de Guillaume*, 65.

§ III.

LES VILLAS DE VILLERS-LE-PEUPLIER, OREYE, SENY ET SAINT-TROND.

1° Villers-le-Peuplier. L'abbé Adelard II (1055-1082), acheta pour 700 marcs les villas de Villers-le-Peuplier et de Moxhe (1). Au XIIe siècle l'existence d'une cour domaniale (2) à Villers-le-Peuplier est mentionnée ainsi que celle de deux maires (3), preuve de l'importance de la villa.

En 1164, Nicolas, prévôt de Saint-Trond, y acheta deux manses qu'il céda ensuite à son monastère : l'un payait un cens de 5 sous, l'autre suivait les " jura curtis „ c'est à dire le droit de la cour censive (4). Le *Livre de Guillaume* nous donne les plus amples renseignements sur ce " jus curtis „ (5).

En 1252, Jean maire de Saint-Trond à Villers-le-Peuplier et les échevins de la localité, dressèrent un état des revenus de Saint-Trond dans la villa et firent le relevé des tenanciers ainsi que des prestations auxquelles ils étaient astreints. D'après de vieux terriers (secundum antiquos libros), l'abbaye percevait à Villers-le-Peuplier 165 muids mi-épeautre, mi-avoine et 7 livres liégeoises de cens. En 1252, les titres qui établissaient les droits de

---

(1) *Gesta abbatum Trudonensium*, I, 20.
(2) *Ibid.*, I, 277.
(3) *Ibid.*, I, 147.
(4) *Cartulaire de Saint Trond*, I, 108.
(5) Pp. 224 à 251.
(6) *Livre de Guillaume*, 236, sqq.

Saint-Trond étaient sans doute perdus ou tout au moins contestés et l'abbaye ne percevait plus que 100 muids de blé et 5 livres liégeoises de cens.

Elle détenait alors 25 manses et demi d'une contenance de 306 bonniers; chaque bonnier payait un cens de 4 deniers liégeois, plus 4 dosenae mi-épeautre, mi-avoine et 2 ½ œufs.

Les masuirs devaient fournir leurs redevances en nature à la Saint Denis ou à la Saint Séverin (le 9 ou le 23 octobre). La veille du paiement, ils les faisaient mesurer dans un bâtiment (domus) de la villa en présence des échevins; les sacs étaient remplis, mis sous la garde du maire, du forestier ou des messagers " nuncii „ de Saint-Trond. Le lendemain matin, les masuirs allaient à leurs frais les engranger à Saint-Trond; en retour, ils recevaient du pain, du fromage et de la cervoise. Ceux qui étaient en retard pour leur payement conduisaient directement leurs redevances à Saint-Trond où elles étaient mesurées dans le grenier en présence des " nuntii. „ L'abbaye n'avait pas à défrayer les retardataires. Les cens en argent sont acquittés moitié à la Saint-Jean (21 juin) et moitié à Noël (1).

Il faut ajouter aux manses nombre de " curiae „ et de " curtes „ qui paient soit des deniers liégeois, soit des " dosenae „ de blé, soit des chapons.

Les vingt-cinq manses et demi ou 306 bonniers sont accensés à 108 personnes. Si l'on établit la moyenne du morcellement de la terre accensée, on arrive pour chaque masuir à un peu moins de trois bonniers, soit le quart d'un manse. Mais il est possible d'être plus précis. Le *Livre de Guillaume* énumère les tenanciers et le chiffre de leurs prestations. Or le taux étant de 4 " dosenae „ par

---

(1) *Livre de Guillaume*, 246. Un manse de 12 bonniers est dans une situation particulière; il paie simplement un cens de 5 sous liégeois.

bonnier, on arrive à fixer comme suit la grandeur de chaque tenure :

BONNIERS.				
1/2	7	14	2 1/4	1/4
3	3	3 1/8	15	1/4
2	5	1/4	8	1/4
13 1/2	1 1/2	2 1/2	1/2	3/4
2	3 1/2	3/4	7	1/2
1 1/4	3	3	2 1/2	1/4
3 1/2	3	5	1 3/4	2
3 3/4	7	16 1/2	12	1 1/12
3 „	4	8	5 1/2	1 1/2
10	1 1/4	7 1/2	3 1/4	1
4	1 1/4	12	4	1 1/8
3/4	1	3/4	5 3/4	1/2
1/3	4	1 3/4	1/12	1/2
1/3	1 1/2	1	1 1/2	2 1/3
1	3/4	3 1/2	1/4	1/2
13	2	8	1	2
10	9	3 1/8	1 1/4	1 3/4
9	3 1/2	5	2	1/4
10	3 1/8	1/2	1/4	2
3 3/4	3 1/8	6 1/2	1	1 1/2

Ces redevances fixées, peu importantes en somme, ces tenures qui se transmettent héréditairement, tout cela nous rappelle l'ancienne organisation domaniale.

Mais à la même époque de nouveaux modes d'exploitation des terres se sont introduits : le fermage libre et le métayage.

a) 109 bonniers de terre sont affermés et rapportent 190 muids et 8 “ dosenae „ et demi de froment (1). Les terres

(1) En y comprenant 31 bonniers moins deux verges “ culture libere „ qui rapportent annuellement 43 muids et 4 dosenae de blé. Entendrait-on par “ culture libere „ des terres que le fermier est libre d'exploiter comme il l'entend?

sont affermées pour douze ans. Conditions du bail : le fermier paie annuellement pour chaque bonnier 22, 22½, le plus souvent 23 " dosenae " de froment. Les prestations doivent être amenées à l'épier de Saint-Trond au plus tard à la Saint André (30 novembre). Les six premières années du bail le fermier sèmera ce qui lui plait, mais pendant les 6 dernières années, il se conformera à la " coutume pour les semailles " (1) : 1° année, froment ou seigle; 2° année : orge, avoine ou autre semaille d'été; 3° année : jachère. Ces mesures naturellement sont prises pour éviter l'épuisement du sol.

L'observance du contrat est garantie par des fidéjusseurs. Si le fermage n'est pas payé à la Saint André, ils doivent venir à Saint-Trond et y rester un mois à leurs frais. Passé ce délai, le fermier ou les fidéjusseurs sont tenus de s'acquitter entièrement, sinon la terre fait retour à l'abbaye. En cas de décès d'un fidéjusseur, ses compagnons ont à chercher un autre garant. Si c'est le fermier qui meurt, le bail passe aux héritiers et les fidéjusseurs doivent rester cautions. Naturellement, le fermier promet de conserver ses fidéjusseurs indemnes et il engage à cette fin tout ce qui lui appartient en propre. Il faut entendre évidemment par là le matériel d'exploitation (2).

b) A côté des terres accensées et affermées six bonniers sont cultivés en champart " ad terciam garbam. "

En outre, près de Berdines, se trouve la forêt de Montengis, alleu de Saint-Trond d'une contenance de 70 bonniers, où les tenanciers de Villers-le-Peuplier ont le droit de faire du bois.

---

(1) " Communem seminandi consuetudinem observabunt ".

(2) Pour l'histoire du bail à ferme dans les Pays-Bas, voy. des renseignements intéressants dans Duvivier, *Revue d'histoire et d'archéologique de Bruxelles*, t. I (1859), 74 sqq. et 331 sqq.

La terre affermée se divise ainsi :

BONNIERS.	GRANDES VERGES.	PETITES VERGES.
2	14	
3	6	2 ½
2		— 16 ¼
2		
1	5	
1		
2	14	— 5
3	12	7 ½
3	3	8
1		
2		
9	5	12
3		
12	6	17
10	2	
3		
2	16	2 ½
2 ½		7
1	7	8
4		— 15
2	16 ½	
70 ½	106 ½	28

Le *Livre de Guillaume* mentionne à Villers-le-Peuplier le maire et le forestier; ils jouent un rôle économique peu important. Les masuirs et les fermiers conduisant directement leurs redevances à Saint-Trond, les fonctionnaires n'interviennent que pour en surveiller la livraison exacte; ils peuvent d'ailleurs être remplacés à cet effet par des " nuncii „ de l'abbaye.

En 1252, Jean, maire de la villa, renonce à tous ses droits sur la villication.

On retrouve il est vrai un " villicus „ en 1260; mais les 9 bonniers, 5 grandes verges et 12 petites qu'il occupe, sont tenus à ferme et ne constituent plus son bénéfice. Seulement, au lieu de payer 23 ou 24 " dosenae „ par bonnier comme les autres fermiers, il n'en fournit que 22 " quia propter servitium suum ei fecimus graciam specialem „ (1).

2° Oreye. Entre les années 1257 et 1262, coexistent également dans cette villa l'ancien système de la censive et le système moderne du fermage (2).

a) Chaque bonnier de terre accensée paye un cens de 4 deniers liégeois, plus 4 deniers et 1 obole de Liége pour la taille ou " bede „ de l'avoué. Ces cens se paient au maire le lendemain de l'Epiphanie et le lendemain de la Saint Remi; le maire livre alors à l'avoué les 4 marcs liégeois qui lui sont dus.

Nous pouvons ainsi déterminer exactement le nombre de bonniers accensés à Oreye : chaque bonnier ayant à payer 4 deniers 1 obole à l'avoué, le nombre des bonniers appartenant à l'abbaye s'élève à 216.

b) Quant aux terres affermées, elles comprennent 62 bonniers répartis entre 17 fermiers de la façon suivante :

BONNIERS.	GRANDES VERGES.	PETITES VERGES.
3	7	7
10	3	
2	2 ½	
	22	
	32	3
1 ½		
	13	— 5
5	3	
3		— 2
2 ½		— 3
	36	7
5		— 4
5		7
6		
3	2	
10		
56	120 ½	10

---

(1) *Livre de Guillaume,* 228.

(2) *Ibid.,* 48 à 51.

Le fermage pour chaque bonnier s'éleve à 2 ½ muids d'épeautre de la mesure de Liége. Chaque fermier doit conduire ses prestations à Liége.

Le maire tient à ferme 10 bonniers et il en tient 3 à titre de bénéfice " pro villicatione sua. „

Le forestier a la jouissance de 3 bonniers moins une verge " pro officio suo. „

Détail intéressant sur la décadence de l'ancienne exploitation domaniale : la cour censive, le " Vroinhof „ est donnée à cens héréditaire pour 12 deniers liégeois et 4 chapons. Le tenancier s'oblige seulement à construire sur le terrain une " domus „ où se tiendront les plaids de la villa.

En 1256 enfin, le moulin d'Oreye est affermé pour un terme de douze années moyennant 20 muids de seigle de la mesure de la villa; l'abbaye n'intervient que pour fournir les meules. Nous voyons cependant en 1262 le chevalier Adam d'Oreye faire don de 6 bonniers à l'abbaye qui les lui rend avec le moulin à bail héréditaire : cens d'un denier de Liége et fermage de 26 muids d'épeautre (1).

3° **Seny** (2). L'abbaye possède en cette villa 55 bonniers répartis en tenures.

En outre elle y est propriétaire de terres domaniales ; elle les a données en régie à un colon de Seny qui les exploite avec sa famille. L'abbaye lui fournit chaque année pour lui et les siens de l'argent et des muids de seigle ou d'avoine. Il a en outre droit au pain nécessaire à sa subsistance et à celle de sa famille, à la moitié des poules, chapons et oies et à d'autres revenus de peu d'importance.

L'élève du bétail tient une place importante à côté de la culture de la terre. Des employés spéciaux sont préposés à la garde des chevaux, des vaches, des moutons et des

(1) *Cartulaire de Saint-Trond*, I, 305 à 307.
(2) *Livre de Guillaume*, 52 à 55.

porcs (pastor equorum, pastor ovium, pastor vaccarum et porcorum) (1). En 1264, Saint-Trond possède à Seny 6 bons chevaux de trait, 3 vaches, 2 génisses de deux ans, 2 d'un an et 2 veaux de l'année, un taureau, 116 brebis et agneaux et 30 porcs.

L'abbaye retire de ses terres 800 gerbes d'épeautre et 600 à 750 gerbes d'avoine; la perception de la dîme lui rapporte 450 à 500 gerbes d'épeautre et 400 gerbes d'a-voine; ajoutez 250 gerbes de vesces " crocken, „ qui lui viennent partie de la dîme, partie de ses terres.

4° Saint-Trond. La " cultura „ de Saint-Trond située comme l'indique le *Livre de Guillaume* (2) entre la nouvelle porte de Melveren, l'église Saint-Jacques et l'hôpital des religieux situé du côté de Baltershoven est identique à cette terre domaniale dont parle le fragment de polypty-que publié par M. Davis et où 187 faucheurs venaient faire la moisson (3).

Cette " cultura „ est affermée " ad sex annos et quatuor segetes „ (4).

Dans la même " cultura „ des terres sont données en champart (5) " ad medietatem „ pour 6 années également (6). Plusieurs fois on assiste à la transformation du métayage en fermage, ce qui est conforme au progrès de l'économie rurale (7). Le fermier est obligé de fumer sa terre (8) et astreint à suivre un certain mode d'exploitation. Nous avions déjà mentionné une obligation analogue à

(1) Ces surveillants aident aussi à faire la moisson sur la terre domaniale.
(2) *Livre de Guillaume*, 251.
(3) Cfr. supra p. 25 et sqq.
(4) Ce qui se comprend dans la culture à 3 soles : blé d'hiver, blé d'été et jachère.
(5) *Livre de Guillaume*, 253, 254.
(6) *Ibid.*, 253.
(7) *Ibid.*, 253. 254, 256, 275, 317. Je trouve cependant une terre affermée en 1252 donnée en champart en 1257 (*Ibid.* 253).
(8) *Ibid.*, 253.

Villers-le-Peuplier (1) : ici à Saint-Trond, des échevins sont frappés d'une amende parce que sur les terres qu'ils ont louées " seminaverant wadam et alia que de jure, in terra quam habebant ad pactum, non poterant seminare „ (2).

Voici comment se répartit la terre affermée :

BONNIERS.	GRANDES VERGES.	PETITES VERGES.
2	3	
2		
2		
2		
3	12	4
4	1	
2		
	18	
	32	5
	22 ½	
6		
9 ½		
2 ½		
4 ½	1	5
	32 ½	
½		
40	128	14

L'affermage des " culturae „ de Villers-le-Peupliér, Seny, Saint-Trond témoigne de la décadence au XIIIᵉ siècle de l'ancienne exploitation domaniale, la " cultura „ étant à l'origine cette partie du domaine qu'un grand propriétaire exploitait en faire valoir direct.

___

(1) Cfr. supra p. 39.

(2) *Livre de Guillaume*, 203. Ces entraves à la libre exploitation d'expliquent à cette époque de rotation obligatoire. Le paysan ne pourrait améliorer la culture; il doit suivre un mode traditionnel d'exploitation; un changement ne saurait être qu'un mal, le fait de la paresse ou de la négligence du tenancier. C'est la raison de la contrainte exercée par le propriétaire. Cfr. Wittich, *Die Grundherrschaft im Nordwest-Deutschland*, p. 75.

§ **IV.**

LE TESTREBANT.

Les possessions de l'abbaye dans cette région étaient fort importantes. En 1107, elle y possédait les autels d'Aalburg, d'Aalem, de Kloosterdonck et d'Hulsel (1). Une charte de Baudouin évêque d'Utrecht reconnaît les droits de l'abbaye sur l'église d'Aalburg (2). En 1254, l'abbaye peut placer des vicaires avec portion congrue dans les paroisses de Aalburg, Herpt, Doveren, Heusden, Hesbeen, Genderen, Eethen, Babilonienbroek. Elle a le droit de patronat à Hulsel, Baardwijk, Aalem, Megen, Adelwich, Loodbroek, Hunsel et Zon (3).

Sur cette église de d'Aalburg où l'abbaye place maintenant un vicaire avec portion congrue et qui en 1266 lui rapporte par an 12 livres de Louvain (4), elle n'avait au XIIe siècle que le droit de patronage. Il en avait été de même antérieurement à 1249 pour les églises de Donck et de Melveren (5). L'histoire des abbayes au XIIIe siècle est pleine de ces transformations. Elles purent percevoir dès lors les revenus des églises (offrandes, dîmes) et ce leur fut d'un grand secours dans la crise économique qu'elles eurent à traverser à cette époque.

A ces biens ecclésiastiques, il faut ajouter comme parties constitutives du domaine de Saint-Trond au XIIe siècle (1108-1136), des terres, des pêcheries, une cour doma-

---

(1) *Cartulaire de Saint Trond*, I, 31.

(2) *Ibid.*, I, 142 " Oblationes igitur altaris cum omni jure parrochiali et ipse personatus predicte ecclesie, cum decimatione tam minore quam majore, cum omnibus pertinentiis suis et substitutiones vicariorum in capellis „.

(3) *Livre de Guillaume*, 70 à 73.

(4) *Cartulaire de Saint Trond*, I, 332.

(5) *Ibid.*, I, 248.

niale avec un maire à Aalburg (1) une mairie à Hulsel (2), en
1139, des terres à Hesbeen (3) et des biens à Aalem depuis
une donation d'Othon de Duras en 1146 (4).

Les revenus de l'abbaye dans le Testrebant n'étaient
pas alors sans importance : " Cette année (1108), l'église et
nos propriétés à Aalburg nous rapportèrent net 24 marcs
d'argent „ (5).

Il n'y a donc rien d'étonnant vu l'importance de ces
possessions et leur éloignement du pouvoir central que
l'administration en ait été confiée à des fonctionnaires spéciaux, les prévôts du Testrebant ou d'Aalburg (6). Ils
nous apparaissent dès le commencement du XIIe siècle et
sont chargés de fournir le " servitium „ de l'abbaye depuis
la Saint Remi jusqu'à l'octave de la Pentecôte (7).

Le cartulaire, le *Livre de Guillaume* surtout, contien-
nent des renseignements fort précieux sur l'administration
des propriétés du Testrebant pendant la seconde moitié
du XIIIe siècle :

1o D'abord, l'abbaye possède deux cours domaniales ;
l'une à Aalburg, l'autre à Aalem (8). Ces cours exploitées
directement par l'abbaye sont en régie ; nous voyons en
1252 le vicaire de Saint-Trond, Reynerus, donner 50 muids
d'avoine et 4 muids d'orge " ad curtem de Aleym seminan-
dam et tenendam „ ; le même Reynerus sème également
17 muids d'avoine à Aalburg (9).

2o Elle a aussi des terres occupées par des tenanciers ; à
Aalburg par exemple, douze " curtes „ lui payent un cens de

(1) *Gesta abbatum Trudonensium*, I, 2£6.
(2) *Ibid.*, I, 145.
(3) *Cartulaire de Saint-Trond*, I, 53.
(4) *Ibid.*, I, 68.
(5) *Gesta abbatum Trudonensium*, I, 144.
(6) *Cartulaire de Saint-Trond*, I, 147.
(7) *Gesta abbatum Trudonensium*, I, 232. Le " servitium „ c'est-à-
dire ce qui était nécessaire à la subsistance des religieux.
(8) *Livre de Guillaume*, 102.
(9) *Ibid*, 102.

17 sous moins 2 deniers de Louvain (1) en outre, elle perçoit un cens capital et des redevances en nature des masuirs dans les villas de : Hunsel, Scinle, 's Gravenmoer,
Loodbroeck, Megen, Meteren, Zaltbommel (2); ces villas
sont rattachées la cour censive d'Aalem (3).

3º L'élève du bétail occupe une part importante dans
l'exploitation.

En 1263, à Aalburg, l'abbaye a 30 chevaux (poulains,
chevaux de selle et de trait), 20 vaches, génisses et veaux et
40 porcs (4). En 1257, il y a dans la cour d'Aalem : 11 chevaux de trait, 4 chevaux d'un an et 4 poulains de l'année,
5 vaches, 5 taureaux, 5 génisses d'un an et 2 veaux de
l'année, 1 verrat et 11 porcs.

En outre 15 chevaux, 27 vaches ou veaux sont à
cheptel pour trois ans moyennant un fermage assez élevé
(4 sous annuellement pour une génisse); après 3 ans, le
produit du bétail est réparti entre l'abbaye et le preneur (5).

4º L'abbaye tire des revenus (10 sous de Louvain et
8 saumons, tantôt plus, tantôt moins) de ses droits de pêche
dans la Meuse et dans une écluse près d'Aalem (6).

5º Mais la plus grande partie de ses revenus consiste
dans la perception de la dîme. En 1262, la grande et la
menue dîme lui appartiennent entièrement à Alburg sur
16 manses, à Hesbeen sur 11 manses, à Doveren sur 14, à
Dorne sur 2, à Genderen sur 36 manses. Elle ne perçoit
que la moitié des dîmes à Eethen sur 44 ½ manses, à Made
sur 40, à Drongelen sur 11, à Babilonienbroek sur 54 (7). Il
faut ajouter les dîmes d'Aalem (8) et celles de Herpt et de

---

(1) *Livre de Guillaume,* 159-60.
(2) *Ibid.,* 123.
(3) *Ibid.,* 123 à 126.
(4) *Ibid.,* 176.
(5) *Ibid.,* 120.
(6) *Ibid.,* 127.
(7) *Ibid.,* 161.
(8) *Ibid.,* 126.

Bern (1) enfin certains revenus et quelques parties de dîme à Gansoyen et Veen (2).

Comment l'abbaye récolte-t-elle le produit de ses dimes? En 1247, les dîmes de Bern et de Herpt sont données a bail perpétuel à l'abbaye de Bern pour 21 marcs de Cologne et 21 saumons (3). Mais en général l'abbaye perçoit elle-même ses dîmes ou les afferme pour un an (4). Dans ce cas, le fermier paie une somme fixe ou bien un fermage calculé sur le nombre d'arpents dont le produit revenait à l'abbaye comme droit de dîme (5).

Voici un relevé, malheureusement incomplet, du produit des dîmes pendant quelques années (6) :

	1254.	1255.	1256.	1262.	1264.
Aalem . . .	20 l.				
Aalburg . .		$\frac{2}{8}$ = 10 l. lov.		15 l.	
Hesbeen . .	12 l. lov.	10 l. lov.	10 l. lov.	15 l.	
Doveren . .	18 l. „	11 l. lov.	11 l. lov.	11 l.	
Genderen . .	28 l. „	26 l. 5 s. lov.	27 l. lov.	23 l.	
Made . . .	11 l. hol.	11 l. 10 s. hol.	9 l. lov.	8 l.	24 l. lov.
Drongelen . .	3 l. lov.	4 l.		3 l.	4 l. lov.
Babilonienbroek	3 l. lov.	4 l. hol.		12 l.	28 l. hol.
Eethen . . .				15 l.	
Gansoyen . .					50 s.
Veen . . .				5 l. lov.	4 l. lov.

(1) *Cartulaire de Saint-Trond*, I, 226.

(2) *Livre de Guillaume*, 175.

(3) *Cartulaire de Saint-Trond*, I, 230.

(4) *Livre de Guillaume*, 167 (1256). Vendidit abbas W... decimam de Madene ad unum annum domino W... de H... pro 9 l. lov. solvendis in Purificatione... Unde sunt fidejussores.....

Ibid., 169 (1259)... fuerunt 14 jugera pro decima in meliore decima de Babilonia et abbas W... concessit illo anno ad pactum illam decimam N. L... ita quod de quolibet jugere sive morgen promisit dare 8 vertel seu modios bone avene.....

Ibid., 178 (1264). Item vendidit decimam de Babilonia meliorem et habebit de quolibet jugere sive morgen 23 s. hol.

(5) Cfr., la note ci-dessus, 169 (1259).

(6) *Livre de Guillaume*, 161 et ss..... Le revenu varie chaque année, étant proportionnel à l'étendue de la terre cultivée.

En chiffres ronds, on peut évaluer le produit des dîmes du Testrebant à 125 livres de Louvain. La perception de la dîme constitue au XIIIe siècle le plus clair des ressources de l'abbaye : les revenus de la cour d'Aalem ne s'élèvent pas à cette époque à 100 livres de Louvain (1).

En 1257, toutes les propriétés du Testrebant sont affermées pour un terme de trois ans à Florent comte de Hollande; le fermage s'élève annuellement à 80 livres de Hollande (2).

Tels sont au XIIIe siècle, les revenus de l'abbaye dans le Testrebant. Comment parviennent-ils à Saint-Trond? Le *Livre de Guillaume* mentionne l'existence de maires dans les villas d'Aalburg (3) et de Lent, mais leur importance économique est peu considérable; le maire de Lent tout au moins n'est rien qu'un fonctionnaire justicier (4).

Le prévôt d'Aalem est le véritable administrateur. Il se rend avec cinq chevaux dans les villas de Hunsel, Scinle, Oirschot, Lent, 's Gravenmoer. Dans chacune de ces localités, il est hébergé et nourri, lui et sa suite. Le soir et le lendemain matin, il recueille les cens et les redevances en nature et revient alors à Aalem (5). Il paye directement toutes les dépenses qui incombent à l'abbaye et dresse un état de ses recettes et de ses dépenses (6).

---

(1) *Livre de Guillaume,* 119 et 138.

(2) *Livre de Guillaume,* 167 et *Cartulaire de Saint-Trond,* I, 281.

(3) *Ibid.,* 159 à 172.

(4) *Ibid.,* 125. " H. B... habet dimidium mansum ratione villicationis unde nichil solvit nobis, sed tantum dat preposito hospitium supradictum et facit mansionariis justiciam et compellit eos ad solvendum nobis debita predicta. „

(5) *Livre de Guillaume,* 123 à 126. Cfr. *ibid.* 119. Il y perçoit aussi la dîme et les revenus d'un moulin.

(6) *Ibid.,* 119. " Summa datorum Franconis 117 lib. et 11 sol. et 6 den. lov. anno domini 1257, mense septembri. — Summa receptorum ejusdem 112 lib. et 13 sol. lov., unde dedit plus quam recepit 5 lib. minus 18 den. lov. quas ei debemus. „

4

Le prévôt est un moine (1) et lorsqu'il se rend dans le
Testrebant, il est accompagné de moines de l'abbaye, tels
ce H. de Berlingen et ce Gerardus de Lewis dont le *Livre
de Guillaume* fait mention à la date de 1257 (2). Parfois
aussi les attributions du prévôt sont confiées à de simples
" ministeriales „ (3).

§ V.

PROPRIÉTÉS DANS LA VALLÉE DE LA MOSELLE ET A COLOGNE.

Les propriétés de Saint-Trond dans la vallée de la
Moselle furent constituées par d'importantes donations au
X^e et au XIIe siècle. La première mention que nous en
trouvons remonte à l'année 944 où Albéron II, évêque de
Metz " ex sua propria hereditate hanc ecclesiam sex vineis
" juxta locum dictum Manwen cum sex curtilibus suis ac
" mansione una, sitis supra fluvium Mosellam in villa que
" vocatur Pomerium (Pommeren) dotavit, et ad similia
" facienda alios devotos homines, apud villam Bredal.....
" effective induxit (4). „

Et en effet, le cartulaire de Saint-Trond renferme à la
date de 959 une " precaria remuneratoria „ par laquelle un
certain Leitzolf donne à l'abbaye " in marca et in villa
" nuncupante Bredhal (Briedel), super fluvio Moselle, curtem
" indominicatum et alia curtilia circa jacentia 6, cum . . .

---

(1) *Livre de Guillaume,* 90.
(2) *Ibid.,* 119.
(3) *Ibid.,* 166. — Il est parlé de " frater Egidius. „ *Ibid.,* 173 et
sqq.....de " frater Gerungus et Emundus. „ Gerungus et Egidius sont
des " famuli „ de l'abbé. (*Ibid.,* 132). Egidius est le " villicus „ de la
cour de Saint-Trond (*Ibid.,* 153).
(4) *Gesta abbatum Trudonensium,* II, 128.

« edificiis domibus atque vineas 11.... et mancipia 4....
« vel quantumcumque in ipso loco mea fuit possessio ac
« dominatio. „

A ces biens qu'elle lui retrocède sa vie durant, l'abbaye
ajoute du sien « ecclesiam unam, curtilia plurima, vineas
« atque optimas, terras, aratas, pascua, prata, hominem
« unum. „

Le cens sera de 10 charretées de vin et si la récolte de
vin est manquée, 5 sous par charretée. A la mort du préca-
riste, le tout doit revenir à Saint-Trond (1).

En 1149, Meinard de Briedel, donna à l'abbaye
« medietatem vinee juxta vineam nostram que Fenestra
dicitur „ (2).

Il faut ajouter pour Pommeren à la donation d'Albéron II, deux donations pieuses datant du XIIᵉ siècle
(1108 à 1136) : « Adelgerus miles quidam de Pumirs, supra
« Mosellam ad nos venit, et societate nostra impetrata,
« vineam nobis tradidit, quae affere potest 3 carratas
« vini. — De eadem villa Gerardus quidam relicta seculari
« vita ad nos se convertit tradens nobis 4 vineas, 3 minores,
« quartam majorem ; hae possunt afferre duas carratas
« vini „ (3). Au XIIᵉ siècle l'abbaye possède les églises de
Pommeren et de Briedel, ainsi que de nombreux et importants vignobles (4) des biens à Beredorf (5), à Breisig et à
Leubsdorf (6) et trois maisons à Cologne (7). Ces possessions furent ratifiées par des chartes pontificales de 1107
et 1161 (8).

Leur éloignement de l'abbaye et le fait qu'elles com-

---

(1) *Cartulaire de Saint-Trond*, I, 11 et 12.
(2) *Ibid.*, I, 78.
(3) *Gesta abbatum Trudonensium*, I, 156, 157.
(4) *Ibid.*, I, 237 et *Cartulaire de Saint-Trond*, I, 87 (1154).
(5) *Gesta abbatum Trudonensium*, I, 164.
(6) *Cartulaire de Saint-Trond*, I, 313 (1265).
(7) *Gesta abbatum Trudonensium*, I, 162, 163.
(8) *Cartulaire de Saint-Trond*, I, 30-31 et 98-99.

prenaient surtout des terrains à vignobles les placèrent vis-
à-vis de Saint-Trond dans des rapports administratifs de
nature spéciale. Des " missi „ en 959 (1), le prévôt de la
Moselle au commencement du XIe siècle (2) vont recueillir
les prestations de vin. Le prévôt a le droit de gîte à Aix (3),
à Breisig (4), à Cologne (5) et à Coblence (6) et il y est défrayé durant son séjour (7). Le seul renseignement que nous
possédions alors sur l'organisation de ces propriétés est la
mention d'un maire à Briedel en 1154 (8). Mais une charte
de la même année présente un grand intérêt au sujet de la
dîme (9). L'abbaye décide que pour prévenir les fraudes
dans le payement de la dîme, celle-ci sera désormais perçue
non plus dans la maison des tenanciers, mais près de la
vigne même, par le prévôt, le maire et ses aides. Pareils
textes où l'on voit le paysan essayer de rejeter le fardeau
de la dîme, sont rares. Elle était cependant le seul
impôt qui dût parfois paraître lourd. La nature de nos

---

(1) *Cartulaire de Saint-Trond*, I, 12.

(2) *Gesta abbatum Trudonensium*, I, 237. " Supra Mosellam ecclesia de Pumirs et ecclesia de Bredal et vineae et allodia quae in ipsis
villis habemus et quae serviunt in itinere preposito eunti illuc, unde
veniebat vinum quod dabatur fratribus. „

(3) *Ibid.*, I, 164.

(4) *Livre de Guillaume*, 213.

(5) *Gesta abbatum Trudonensium*, I, 162, 163.

(6) *Livre de Guillaume*, 82. L'abbaye en 1249 a un hôte à Cologne
auquel elle paie 15 sous. — *Cartulaire de Saint-Trond*, I, 59. En 1140
Franco constitua en faveur du prévôt une rente perpétuelle de 10 marcs
pour servir à ses frais de route et lui épargner ainsi d'emprunter à gros
intérêts.

(7) *Gesta abbatum Trudonensium*, I, 164 pour Beredorf. — Cfr. supra, note 2.

(8) *Cartulaire de Saint-Trond*, I, 86.

(9) *Cartulaire de Saint-Trond*, I, 86. " Consuetudo erat in villa
Bredal, quadam vindemia peracta, prepositus et persona ecclesie, astito
villico et ministris suis, decimam quam parochiani debebant, per domos
singulorum colligebant. Alii reverenter ut decebat de benedictione per-
cepta gratanter decimabant, alii retrahendo et contradicendo vix
aliquid dabant. Inferiores nichil dantes blasfemabant.... placuit ut
unusquisque quod deberet vindemie tempore in vinea sua persolveret. „

sources presque toutes ecclésiastiques est sans doute la raison de ce silence.

Il faut attendre la seconde moitié du XIIIᵉ siècle pour qu'il soit possible de décrire l'organisation des propriétés de la Moselle. Nous disposons alors d'un document de la plus grande importance : la charte insérée par M. Lamprecht, p. 24 et sqq. aux. pièces justificatives de son *Deutsches Wirtschaftsleben*.

1° Pommeren. — L'abbaye possédait dans cette villa des propriétés qu'elle avait soit données en régie, soit accensées ou affermées.

a) Un " curtilanus, „ un " homo feodalis „ y cultive treize vignes de l'abbaye qui lui paie annuellement 33 sous de Cologne et 5 muids de seigle.

b) On y trouve en outre : 1° des tenanciers qui paient " de curtibus suis „ un cens fixé en vin, parfois en blé ; 2° des " homines feodales „ et parmi eux le " curtilanus „ qui cultivent des vignes en métayage " ad medietatem „ héréditairement et prêtent à l'abbaye serment de fidélité. Neuf d'entre eux assistent aux plaids et sont tenus de maintenir les droits de l'abbaye. Les plaids sont au nombre de trois présidés par l'écoutête et les échevins de Saint-Etienne de Metz. Trois fois l'an, les échevins vont constater de visu l'état de l'exploitation par les " feodales. „ Si elle laisse à désirer, ils avertissent l'écoutête dont la mission est de veiller au bon état des cultures. L'écoutête reçoit une livre de pain en automne et six sous sont chaque année assignés au " curtilanus „ pour qu'il fournisse les trois " servitia „ dus à l'écoutête et aux échevins.

La villa renferme des forêts où l'abbaye et les " feodales „ ont des droits d'usage. Si l'abbaye a besoin de bois à brûler ou de bois de construction, elle envoie un messager au " centurio „ qui lui fournit le nécessaire (1).

---

(1) LAMPRECHT, op. cit., III, pp. 47, 48. Le " centurio „ est le chef d'une centaine (subdivision d'un comté).

Quatre forestiers sont chargés de garder les vignobles; ils reçoivent après l'automne du pain, du fromage et du vin.

Enfin le droit de patronat, les dîmes, les pressoirs appartiennent à l'abbaye : " jus patronatus et decimas de " segetibus et de vineis, item decimas minutas et domos, " mansiones, torcularia. „ Le " curtilanus „ fournissait le luminaire de l'église et tous les quatre ans, à l'archidiacre 2 marcs de Cologne et 2 onces de Trèves, à l'évêque de Trèves, 4 marcs et 4 onces.

2° Briedel. — En 1248, Saint-Trond possédait dans cette villa, cinquante-deux vignes.

Un " curtilanus, homo feodalis „ y semonce les huit " feodales „ chargés de dire les droits de l'abbaye. Les " nuncii „ de celle-ci peuvent le remplacer dans cette fonction. Notre texte mentionne encore différents " feodales; „ en somme il en est seize exerçant un droit héréditaire sur les vignes qu'ils cultivent et huit qui cultivent à temps et à champart.

3° Lubsdorf. — L'abbaye en 1257 y possédait cinq vignes, deux grandes et trois petites, sept journels de terre, deux " partes saltus „ et douze arpents de vignes qui dans les années moyennes rapportaient 12 vasa de vin; il faut y ajouter " domus, curia et torcular „ (le pressoir) et une forêt d'un mille carré où il est permis de faire du bois.

Ces vignes sont cultivées en métayage (ad medietatem) par un " homo feodalis. „ Celui-ci paie en outre un cens de 4 sous de Cologne et doit fournir le gîte au prévôt et à ses gens lorsqu'ils se rendent dans le pays de la Moselle (1). Le droit de relief s'élève à 4 sous de Cologne.

Il est impossible avec ces seuls détails sur la culture des vignes de Saint-Trond dans la Moselle de donner une

---

(1) " Una nocte servitium sufficienter.... tam in cibo quam in potu et equorum pabulo pro se et sua familia...., mane.... gentaculum cum equis suis et familia sufficienter.... „

idée suffisamment précise de ce mode d'organisation économique. Je devrai avoir recours à Lamprecht qui disposant d'un riche matériel de sources a étudié la question de façon spéciale (1). Voici en résumé ce qu'il dit de cette organisation et de son développement :

Les vignerons, par le seul fait qu'ils se livraient à des cultures très avancées, occupèrent bientôt au sein de la classe rurale une situation privilégiée que l'on peut constater dès le IXe siècle. Ils furent séparés du reste des paysans, eurent un droit propre et une situation avantagée. Ils occupaient une position intermédiaire entre les grands " ministériales „ et les tenanciers dépendants; en d'autres termes ils étaient comme l'aristocratie de la classe rurale.

Au début, le vignoble dépend d'un manse et comme tel relève d'une cour domaniale. Au XIIe siècle, il est devenu indépendant. Mais le fait que le cens est encore payé à une cour domaniale est une trace de l'ancien état de choses. Puis lentement disparait le contrôle des institutions domaniales : les vignerons ne doivent assister qu'à un seul plaid, on essaye de les soustraire à l'avouerie de cour, mais c'est toujours le maire le " villicus „ qui préside le plaid. Enfin leur communauté arrive à posséder une existence à part, elle n'a plus aucun rapport avec la cour domaniale et relève directement du seigneur. Le maire fait place à des fonctionnaires qui sont temporairement délégués par le seigneur, les " nuntii „ le prévôt, l'écoutète, et à côté d'eux à un fonctionnaire permanent qui cultive directement un vignoble pour le seigneur et exerce unes urveillance sur la communauté des tenanciers.

Au sein de la communauté, la vie juridique et économique est très active. La terre à vignoble est donnée en fief héréditaire moyennant un cens, en général un champart. Le plant est affranchi du cens pendant quelques années, huit ans parfois. Le fieffé ne peut librement en disposer, l'hypothèque lui est interdite et s'il peut vendre, c'est avec

(1) LAMPRECHT, Op. cit., I², 909 à 919.

réserve pour le seigneur du droit de préemption. Celui-ci au contraire dispose de la tenure comme il l'entend et peut l'aliéner elle et son détenteur. Quant à la transmission héréditaire du bien, elle se fait au seul aîné, ou bien un majorat est stipulé, ou encore le seigneur se réserve de choisir l'héritier qui lui convient. Il arrive parfois que les femmes peuvent hériter. La division entre héritiers appartient à une époque où l'institution est en décadence.

Le cens est un champart ($\frac{2}{5}$, $\frac{1}{2}$, $\frac{1}{5}$, $\frac{1}{4}$, $\frac{1}{3}$, $\frac{1}{7}$ parfois même $\frac{1}{10}$). A ce champart viennent s'ajouter des corvées, de petites prestations aux fonctionnaires, parfois des cens élevés mais surtout la dîme. Ces dîmes, ces redevances sont prélevées, ou bien avant de faire le partage de fruits de la terre entre propriétaire et tenancier, ou bien sur la partie qui reste à ce dernier. Le vigneron est tenu de posséder une caution en terre dont le revenu garantit le paiement du cens.

Les cas de commise sont la félonie, le refus d'assister au plaid, le refus de faire relief. Il faut ajouter (car ce fief est un fief économique), le non paiement du cens au jour fixé et surtout la cessation de bonne culture. Mais il y avait rarement commise. Le propriétaire n'aimait pas à changer de tenanciers et d'ailleurs c'était l'assemblée elle-même des vignerons qui jugeait les délits de ses membres.

Car les vignerons, tout comme les dépendants de la cour domaniale et les grands " ministeriales „ étaient organisés en une communauté de droit propre. C'étaient les tenanciers eux-mêmes qui disaient le droit : " tenentur sub fidelitate prestita conservare et dicere jura ecclesie Sancti Trudonis „ (1). Ce droit énonçait les rapports juridiques entre le bénéficier et le seigneur et les rapports économiques entre le tenancier et la tenure. Au point de vue économique, la communauté formait une communauté de cens qui, par extension, devenait parfois communauté de production (le pressoir, par exemple était commun). Elle

---

(1) LAMPRECHT, Op. cit. Pièces justificatives, III, 31, ligne 23.

exerçait un droit de contrôle sur la culture de ses membres et tenait à cette fin un plaid particulier.

De ce qui précède, il ressort que le fief de vigneron était une forme de culture beaucoup plus libre que la censive. Aussi de bonne heure fut-il donné à bail héréditaire. Les cultures séparées qui apparaissent au XIe siècle ne laissent plus les vignerons uniquement soumis au droit féodal. Bientôt les " feodati „ s'appellent " heredes „ c'est à dire fermiers héréditaires. Le rapport économique apparaît de plus en plus au premier plan, tandis que le rapport juridique disparaît. Le relief d'un vignoble, dit une charte de 1217, se fait " censualiter et secundum jus civile. „ Au XIIe siècle apparaissent les baux héréditaires. Dès lors, la communauté des vignerons commence à se dissoudre; la caution en terre devient pour le seigneur la seule garantie de paiement du cens. Le bail à temps apparaît dans la seconde moitié du XIIIe siècle et de ce jour le vigneron est entièrement libre.

Les revenus en vin que l'abbaye tirait de ses possessions de la Moselle étaient considérables. En 1252, elle recueillit 14 " vasa „ ou tonneaux de vin d'une valeur de 209 livres de Louvain (1). L'abbaye consommait alors en vin pour environ 165 livres de Louvain annuellement; elle comptait trente-quatre moines et chacun avait droit à 3 deniers par jour pour son vin (2). En 1257, les dépenses sont évaluées à 122 marcs de Liège, soit 183 livres de Louvain (3).

Mais le transport du vin de la Moselle à Saint-Trond était fort coûteux. En 1251, pour le transport de 4 " vasa, „ l'abbaye paie 22 livres de Liège (4); en 1250, pour 6 " vasa „ 25 livres de Liège (5). Ajoutez-y les frais de voyage des

---

(1) *Livre de Guillaume*, 80.
(2) *Ibid.*, 95.
(3) *Ibid.*, 100.
(4) *Ibid.*, 84.
(5) *Ibid.*, 80.

58

fonctionnaires de l'abbaye (1) les sommes payées à l'avoué
à l'écoutête, au " curtilanus „ aux journaliers qui cultivent
les vignes (2). Il faut tenir compte encore des déprédations
des seigneurs de la Moselle. Le vin coûtait parfois à l'abbaye
plus cher qu'il ne valait ; en 1252, elle retira pour 200 livres
de vin ; il lui en avait coûté 234 (3).

Il n'y a pas à s'étonner dans ces conditions que l'abbaye ait, en 1264, vendu ses possessions de la Moselle.
L'abbaye de Himmerode les acquit au prix de 1150 marcs
esterlings et 60 charretées de vin, payables à Cologne en
trois années (4).

L'acte de vente en indique les causes : " cum curtes
" nostre .... minus fructuose et minus utiles nobis essent
" propter locorum distantiam et viarum discrimina, necnon
" et propter graves injurias que per quorumdam violen-
" tiam in predictis bonis et curtibus nobis multociens sunt
" illate „ (5).

Les maisons de Cologne. — Du temps de l'abbé
Rodolphe, l'abbaye possédait trois maisons à Cologne ;
deux d'entre elles payaient annuellement chacune 10 deniers
de Cologne ; la troisième, " maison dominicale „ de l'abbé
rapportait un demi-marc et fournissait le gite à l'abbé et
à sa suite (6). En 1139, à la suite de contestations avec le
chapître de Saint-Martin de Cologne, l'abbaye perdit deux
des maisons (7). La plus grande lui resta et fit en 1177
l'objet d'une concession héréditaire. Le cens était de
6 marcs et le tenancier, une fois l'an, devait défrayer l'abbé
de Saint-Trond avec sa suite et douze chevaux. Un " nuncius „

---

(1) *Livre de Guillaume,* 83 et 85.

(2) *Livre de Guillaume,* 82.

(3) *Ibid.,* 80.

(4) *Cartulaire de Saint-Trond,* I. 313.

(5) Pendant 23 ans vers 1248, Simon de Franchimont, official de
l'église de Trèves avait dirigé l'administration des cours de Briedel et
de Pommeren. — Cfr. Lamprecht, Op. cit. Pièces justificatives, III, 32 et 34.

(6) *Gesta abbatum Trudonensium,* I, 162, 163.

(7) *Cartulaire de Saint-Trond,* I, 54.

de l'abbaye venait à Cologne percevoir le cens; en cas de
non payement, après un délai de 40 jours, la maison faisait
retour à l'abbaye (1). Cette maison est le " Tolhus „ dont
parle le *Livre de Guillaume* (2).

VUE D'ENSEMBLE SUR L'ADMINISTRATION ET L'EXPLOITATION DES DOMAINES.

Le domaine de Saint-Trond, on l'a vu, avait été constitué essentiellement par des donations ce qui explique
l'éparpillement des propriétés (3). Le pouvoir domanial de
l'abbaye, ce que nous appellerons la seigneurie domaniale,
consistait en un droit de possession à la fois sur les terres
et sur la personne de ceux qui les occupaient (4). La
seigneurie domaniale trouvait sa forme d'organisation
dans la villication qui comprenait une cour domaniale
(curtis dominicalis, vroinhof) (5) et un ensemble de droits
sur des tenures et leurs détenteurs. La cour dominicale
comprenait des bâtiments de ferme, des terres (6),

---

(1) *Cartulaire de Saint-Trond*, I, 133.

(2) *Livre de Guillaume*, 86 (1252).

(3) Cfr. supra p. 17 et la carte annexée au *Livre de Guillaume*.

(4) Le cens capital, les droits de mariage et de mortemain témoi-
gnent d'un état de dépendance personnelle.

(5) *Cartulaire de Saint-Trond*, I, 5 (837) : Donation d'une " curtem
cum casa indominicata et cetera edificia in ipsa curte constructa et
mansas vestitas 6 ad ipsam curtem despicientes „. — " Curtes dominicales „ *Ibid.* I 70 (1140) à Haelen; cfr. *Gesta abbatum Trudonensium* I,
277 (1108-36) à Borloo, Oreye, Villers-le-Peuplier, Meer.

(6) *Cartulaire de Saint-Trond* I, 28 (1095) " cultura dominica „
cfr. *Livre de Guillaume*, 304 (1258) : le " huflant „ et le " cinslant „
distribués en tenures, mais le nom rappelle l'ancienne cour domaniale.
La " cultura „ ou terre exploitée directement par l'abbaye ne forme pas
nécessairement un tout compacte. Cfr. *ibid.* 332 " 16 bonuaria culture
sive terre arabilis de quibus jacent 7 bonuaria simul in una parte... et
residuum jacet in multis partibus. „ Nous ne sommes renseignés sur la
grandeur de la cour domaniale que vers 1260 époque à laquelle de
nombreuses parcelles en avaient été détachées et inféodées. La
" cultura „ de Saint-Trond comprend 47 bonniers, celle de Stayen
40 de terre arable, 2 1/2 de pré et 3 1/2 de pàquis; celle de Borloo

60

des exploitations particulières, moulins, brasseries, fours, pêcheries (1). Les tenures dépendantes consistaient en une maison, des terres arables et des droits d'usage dans la forêt ou dans la prairie commune (2). Le manse, unité d'exploitation à l'origine (3) comprenait à Saint-Trond en général 12 bonniers de 30 arpents; de fort bonne heure il se subdivisa par suite des aliénations et des vicissitudes des héritages. Le nombre de manses rattachés à la cour domaniale varie naturellement. Ici, l'abbaye possède parfois l'entièreté d'une villa; là, elle ne dispose que de quelques tenures. Il en résulte que des tenures dispersées dans plusieurs villas sont rattachées à une seule et même cour censive (4). Parfois au contraire la villa, trop étendue, est répartie entre deux villications (5).

---

76 bonniers, celle de Mielen 27 bonniers et 16 grandes verges, celle de Meer 26 $^1/_2$ bonniers, celle de Laer 35 bonniers " cum magna mensura „ c'est à dire 53 à la mesure de Saint-Trond, celle d'Oreye, 68, celle de Villers-le-Peupliers 108, celle de Donck 14 " ad magnam mensuram „ ou 20 de Saint-Trond, celle de Kerkom 32, celle de Webbecom 24, celle de Seny, 20. En tout 563 bonniers de terre arable et 40 bonniers de pré, le tout affermé ou en régie.

(1) La dîme s'y rattachait aussi : *Ibid.* 351 " ad curtem nostram de Dunch pertinet decima de Dunch.... item pertinet ad eam decima de Loxberghe. „

(2) Cfr. supra 25 à 59, passim. Pour les prairies communes, cfr. *Livre de Guillaume*, 161, " sunt ibi Ethene communia pascua que habent 7 mansos et plus „. *Ibid.* 213, à Mere. *Ibid.* 217, à Assent. Les masuirs de Villers-le-Peuplier vont faire du bois dans une forêt près de Burdinne (*Ibid.* 236). Pour la glandée à Helchteren cfr. *Cartulaire de Saint-Trond* I, 300 (1261) : chaque masuir peut envoyer dans la forêt une truie avec sa dernière portée; il paiera 4 deniers de Liège pour tout porc en plus; il ne peut au reste envoyer plus que le nombre de porcs qu'il a tenus l'hiver.

(3) Des manses entiers existent encore intacts à la fin du XIe siècle ; cfr. supra, p. 26 et 27.

(4) *Livre de Guillaume* 84, pour Aalem. *Ibid.* 275, 277, pour Stayen; *ibid.* 351, 355 pour Donck; *ibid.* 305 : le cens de Cranewich payé à la cour de Borloo.

(5) *Gesta abbatum Trudonensium*, I, 147 (1108-36) pour Villers-le-Peuplier; un " subvillicus „ assiste les maires de Melveren (*ibid.* I, 179) et de Donck (*Cartulaire de Saint-Trond*, I, 300).

J'en arrive maintenant au mode d'exploitation de la terre domaniale et des tenures :

a) Le tenancier exerce sur sa terre un droit héréditaire (1), il livre des prestations fixées en nature et en argent et est astreint à des corvées pour l'exploitation de la terre domaniale.

b) La terre domaniale est exploitée par l'abbaye elle même mais au moyen d'un intermédiaire, l'étendue et l'éparpillement des propriétés l'ayant amenée à placer un de ses dépendants à la tête de chaque villication : le maire ou " villicus „ (2). Ce fonctionnaire, de condition servile, cultivait la terre domaniale avec l'aide des corvéables, en livrait le revenu à l'abbaye, rassemblait les prestations des tenanciers.

La seigneurie domaniale était, comme je l'ai dit, un pouvoir non seulement sur la terre mais sur les hommes. Ici encore, le maire était le représentant de l'abbaye, il percevait le cens capital, les droits de mariage et de mortemain et présidait le plaid où se jugeaient les contestations en matière foncière des tenanciers avec le seigneur (3).

Le maire était donc un personnage important et de sa bonne administration dépendait le revenu de l'abbaye. Il était naturel qu'il fût révocable et n'eût pas sur la villication le moindre droit personnel (4). Ce qui le défraye, abstraction faite de la perception de petits revenus (5), c'est d'une part son bénéfice (6) pour lequel il n'a généralement

---

(1) Le droit héréditaire du tenancier est le corollaire du lien qui l'attache à demeure à la terre.

(2) On trouve parfois le terme " scultetus. „ — *Livre de Guillaume,* 286, 295. Le " scultetus „ Hugues de Borloo occupe une villication.

(3) *Livre de Guillaume,* 125. Le " villicus „ de Lent " facit mansionariis justiciam. „ Cfr. supra, p. 32 et 35 pour Haelen et Provin.

(4) Cfr. supra, p. 33.

(5) Par exemple recevoir du pain, du poisson et du vin les jours où il vient à Saint-Trond livrer les cens qu'il a perçus *(Gesta abbatum Trudonensium,* I. 149.

(6) Cfr. supra, p. 32 et 35. Cfr. le *Capitulare de villis.*

62

rien à payer (1), d'autre part une partie des redevances qu'il a levées (2).

Voilà qui rapproche beaucoup les maires de Saint-Trond de ceux du *Capitulare de villis*. Mais il est des différences et elles s'accentuent de plus en plus avec le temps. Par l'effet d'une longue possession, les maires en arrivèrent à détenir leur charge comme un vrai patrimoine qu'ils transmettaient à leurs héritiers. Rappelons-nous Macaire, ce maire de Haelen qui hérita de la charge dont son père avait été dépossédé et qui, dépossédé lui-même deux fois, rentra pourtant dans ses anciennes fonctions (3). Ajoutons deux passages du *Livre de Guillaume* relatifs l'un au maire de Stayen (4), l'autre à celui de Meer (5). Tous deux furent privés de leurs fonctions. Le premier vendit les droits qu'il prétendait avoir, le beau-fils du second réclama la villication qui lui appartenait, disait-il, du chef de sa femme.

Les maires suivirent le développement de la féodalité. Ils entrèrent dans la chevalerie (6), considérèrent leurs fonctions et leur bénéfice comme un fief (7) s'agrandirent aux

---

(1) *Livre de Guillaume*, 49. A Oreye, le " villicus colit 3 bonuaria pro villicatione sua unde nichil dare consuevit. „ *Ibid.* 125 pour Lent : le " villicus habet dimidium mansum ratione villicationis, unde nichil solvit nobis. „

(2) Cfr. supra 32 et 35. *Cartulaire de Saint-Trond*, I, 18 (1055-56); 4 manses à Bertrée paie 20 sous dont 2 sont attribués au " villicus. „ — *Ibid.*, 365 (1283). " 4 capones et 1 mr. leod. pro jure suo parvo ratione sue villicationis curtis nostri monasterii. „

(3) V. supra, p. 32 à 34.

(4) *Livre de Guillaume*, 193 à 204.

(5) *Ibid.*, 189 à 192. — Cfr. une évolution analogue à Gembloux. *Gesta abbatum Gemblacensium*, VIII, 552 l., 33 à 37. Charte de l'évêque Otbert... " Villicationem quam jure hereditario E.... villicus sibi retinere temptaverat nostro atque omnium judicio digne ab eo receptam, abbas alteri quicumque voluerit de servis ecclesiae tribuat.... „

(6) *Livre de Guillaume*, 286. " Hugo, miles, villicus de Borloo.

(7) Cfr. supra 33 pour Haelen. — *Gesta abbatum Trudonensium*, I, 146; le maire de Saint-Trond perçoit à titre de fief tous les revenus de la villication au-delà de 15 sous. — *Cartulaire de Saint-Trond*, I, 264 (1253). Le maire de Borloo renonce à " omnia bona que... in hereditate vel in feodo habuit. „

dépens de l'abbaye, annexant à leur fief les terres et les
exploitations domaniales (1), retenant les revenus des cours
censives (2) et les prestations des tenanciers et usurpant
les dîmes (3). Ce développement de la puissance du maire
s'explique fort bien. Les villas se trouvaient à une distance
par trop considérable de l'abbaye et le maire fut ainsi
laissé sans grande surveillance; il se consolida, s'enracina
dans la villa. C'était fatal. Charlemagne l'avait craint pour
ses domaines où pourtant le maire était sous la surveillance directe du " judex „ (4).

Naturellement, l'abbaye ne laissa pas de résister. Pour
bien maintenir la distinction entre les fonctions de maire et
le fief dont il avait la jouissance, elle en faisait deux investitures distinctes (5). Elle enlevait sa charge au " villicus „
qui abusait de son pouvoir (6). Mais le rachat de la fonction

(1) *Gesta abbatum Trudonensium*, I, 153. Le maire de Stayen
usurpe 12 deniers 8 chapons du moulin " Remigii „.

(2) *Ibid.* I, 145. Le " villicus „ d'Hulsel usurpe un cens de 6 sous.

(3) *Ibid.* I, 151 pour le villicus de Webbecom. — Cfr. *Livre de
Guillaume*, 212, 213 pour celui de Laer.

(4) WITTICH. Op. cit., p. 307-308, rattache ces faits à une transformation dans la condition des ministériels. Ces dépendants sans terre
attachés au service de la personne du maître retirèrent de leur fonction
même considération et protection; bien s'acquitter de leur tâche suffisait
pour assurer à leurs enfants la transmission de leur charge. Bientôt ils
eurent le privilège exclusif de servir la personne du maître et finirent
par entrer dans la chevalerie. Dans cette classe sociale si influente le
seigneur se vit obligé de choisir ses maires. Cela est il vrai pour Saint-
Trond? L'insuffisance des textes ne permet pas de tirer une conclusion
générale. Mais nous voyons que le maire de Haelen était en 1146 un
simple serf et qu'il ne dut qu'à lui-même de s'élever au rang de vassal
héréditaire. L'éloignement du pouvoir central et sa faiblesse suffisent
pour expliquer cette transformation. — Cfr. pour Gembloux supra,
p. 62, note 5 où la mairie est confiée à des serfs.

(5) *Gesta abbatum Trudonensium*, I, 146. Le " villicus „ de Saint-
Trond " donum villicationis seorsum acciperet et donum feodi seorsum. „

(6) La suppression de la villication se rencontre parfois. Cfr. *Livre
de Guillaume*, 193 (1239-1248). " Villicatio de Staden obligata fuit ecclesie
nostre et possessio ipsius abjudicata fuit G.... villico.... propter
excessus ipsius et adjudicata abbati. „ Cfr. supra, p. 33 où ce moyen se
trouve inefficace.

était le seul moyen réellement efficace et l'abbaye y eut plus d'une fois recours (1). Elle confiait alors la charge de maire à un de ses moines (2), ou bien elle le remplaçait par un fermier (3), ou bien encore elle en faisait une sorte de fonctionnaire moderne sans aucun droit héréditaire (4). Quelquefois elle ne lui laissait que l'exploitation de la cour censive et faisait percevoir par des fonctionnaires spéciaux les prestations des masuirs; le maire n'exerçait plus qu'une simple surveillance (5). Parfois même, il ne conserve que ses attributions judiciaires (6).

L'importance des maires est donc, au XIIIe siècle grandement diminuée. Les avoués ne laissèrent pourtant pas parfois de dicter à l'abbaye son choix en cas de nomination. (7).

(1) Cfr. pour Borloo, *Cartulaire de Saint-Trond*, I, 265 (1253), pour Saint-Trond, *Livre de Guillaume*, 145 (1250); pour Villers-le-Peuplier. *Ibid.* 203 (1252).

(2) *Livre de Guillaume*, 19. L'abbé " per sententiam scabinorum commisit villicationem (Stayen) preposito suo „.

(3) Cfr. supra, 40. A Seny les terres domaniales sont exploitées par un " colonus „; à Briedel, les vignes de l'abbaye sont cultivées par un " curtilanus „. Ou le maire lui-même devient fermier. *Livre de Guillaume*, 226 (1282) le maire de Laer prend à bail pour 12 ans la " cultura „ de cette villa. „ *Ibid.* 228, le " villicus „ de Villers-le-Peuplier " habet de terra nostra in summa 9 bonuaria et 5 virgas magnas et 12 parvas unde solvit 17 mod. frumenti „ c'est donc un fermier, " de bonuario solvit 22 dosenas (au lieu de 23) quoniam propter servitium suum ei fecimus gratiam specialem. „ Léger avantage dira-t-on, mais ses fonctions se réduisent alors à une simple surveillance (cfr. supra, p. 40).

(4) *Ibid.* 193. La villa de Stayen avait été reprise par l'abbé Thomas (1239-48). " Thomas abbas sicut verus possessor villicationis instituit ibi villicum A... R... quo mortuo, instituit O... quo etiam mortuo instituit ibi tercium. In hac vero possessione instituendi et destituendi villicum fuit Thomas abbas. „ — Cfr. *Cartulaire de Cambron*, I, 399 (1298-99). " Toute le fois ke mayeur ara à faire, à estauler ou à ôter.... li abbés de Camberou ou ses certains mesages li fachent et ostent toutes les fois ke besoin sera. „

(5) Cfr. supra, p. 40.

(6) *Livre de Guillaume*, 125. Le " villicus „ de Lent est un justicier; les masuirs lui répondent du payement de leurs cens, mais ils paient leurs redevances à la cour d'Aalem.

(7) Cfr. *ibid.* 214. L'avoué de Seny " non permittit nos ponere villicum nostrum apud Senni pro voluntate nostra, nisi sit manens in villa. „

Il reste maintenant à jeter un coup d'œil d'ensemble sur l'exploitation des terres domaniales, des moulins et des brasseries, des tenures dépendantes, enfin sur le mode de prélèvement de la dîme.

Je rappellerai qu'à la fin du XIe siècle (1) les " cultures „ de l'obédience de Saint-Trond sont exploitées par des masuirs qui viennent labourer la terre, semer le grain, faucher les blés ou l'herbe et rentrer le foin ou la moisson dans les greniers. La charte de 1146 relative à Provin témoigne de l'existence d'un système de corvées (2). En 1257, des journées de travail sont encore dues par les masuirs au prévôt d'Aalem au temps de la moisson (3).

Mais à cette date, les corvées avaient généralement disparu. La cause de cette disparition doit être cherchée en partie dans l'éloignement des tenures rattachées à la cour censive, en partie dans leur éparpillement sur plusieurs villas (4). La terre domaniale même ne formait pas un tout compacte; quatre bonniers de terre arable près de Donck sont vendus en 1261 parce qu'ils sont trop écartés de la cour pour être livrés à la culture (5). Cela rendait difficile une utilisation des dépendants et contribua sans doute au rachat des corvées. Mais il est une raison plus importante. Du jour en effet où le pouvoir des maires se fut pleinement développé, les liens se relâchèrent qui rattachaient la cour domaniale au pouvoir central. L'abbaye n'était plus intéressée à conserver l'ancien mode d'exploitation de ses terres. Elle les fit exploiter par des régisseurs dont elle était sûre ; le plus souvent, elle les donna à ferme (6).

---

(1) Cfr. supra, p. 26 et 27.

(2) Cfr. supra, p. 34.

(3) *Livre de Guillaume*, 126 (1257). " Mansionarii diversi apud Aleym tenentur servire preposito in messe 11 diebus. „

(4) Cfr. supra, p. 60, note 4.

(5) *Cartulaire de Saint-Trond*, I, 300.

(6) *Livre de Guillaume*, 52. A Seny, l'abbaye fait exploiter par un " colonus. „ Cfr. supra, p. 53, le " curtilanus „ de Pommeren. — *Ibid.*

L'élève du bétail tient à Saint-Trond une place importante à côté de la culture de la terre. La première mention
qui nous en est faite, nous reporte à la fin du XIᵉ siècle.
L'abbé Luipon, dit la chronique, était un " nutritor pecorum
strenuus „ (1). C'était pendant la première moitié du
XIIᵉ siècle une source déjà importante de revenus : " nutri-
menta etiam pecorum erant per dominicalia in villis, quae
in carnibus et caseis multam commoditatem conferebant
prepositis et abbati. „ L'élevage du porc est également
attesté à la même époque : " ex eis (silvis) veniebat porcina
caro „ (2).

Le *Livre de Guillaume* mentionne au XIIIᵉ siècle,
l'existence d'un nombreux bétail à Aalem, Aalburg, Seny,
Laer et Donck (3). L'abbaye faisait surveiller ses bêtes par
des gardiens à elle; nous connaissons pour Seny le " pastor
equorum, „ le " pastor ovium, „ le " pastor vaccarum et
porcorum „ (4).

Mais souvent aussi elle plaçait le bétail à cheptel. Il
en est ainsi par exemple à Aalem en 1257, pour quinze
chevaux et vingt-sept vaches génisses et veaux. Ils sont
loués pour trois ans moyennant 4 sous pour une génisse et

---

101. Les cours d'Alburgh et d'Aalem sont exploitées en 1252 par un
convers. En 1256, une partie de la cour d'Aalem est donnée en métayage;
le reste est exploité par l'abbaye; c'est le prévôt qui fait ensemencer la
terre (*Ibid.* 118). Cfr. *ibid.* 121-122 pour Stayen. Borloo, Milen.

En 1095, l'abbaye accense 6 bonniers de la cour censive de Halmael
(*Cartulaire de Saint-Trond*, 1, 28). Considérable est au XIIIᵉ siècle,
le nombre de " curtes „ et de " culturae „ affermées. *Livre de Guillaume*,
251, 40 bonniers de la culture de Saint-Trond. — *Ibid.* 226, 273, 283,
332-333, pour Laer, Stayen, Borloo, Webbecom. — *Ibid.* 332, " curtes
de Meer cum omnibus suis appendiciis. „ — *Ibid.* 164 (1254) " terra
arabilis que pertinet ad curtem de Alburgh locata fuit hoc anno. „ —
Ibid. 49 (1256). A Oreye, la " curtis „ fait l'objet d'une concession
héréditaire. Il s'agit bien de la cour domaniale " curtis que vocatur
Vroinhof. „

(1) *Livre de Guillaume*, 49, 1256.
(2) *Gesta abbatum Trudonensium*, I, 62 (1090).
(3) *Livre de Guillaume*, 52, 53, 54, 120, 121, 171, 176.
(4) *Ibid.* 52.

un setier de beurre pour une vache. Après trois ans, le preneur et l'abbaye se partagent les vaches et veaux nés durant le contrat (1).

Passons aux exploitations particulières. Les moulins auxquels souvent une terre est annexée, (2) sont exploités directement par l'abbaye et donnés en régie (3), ou ils sont accensés et dans ce cas le meunier livre chaque année une redevance en nature ou en argent (4). Au XIIIe siècle, on appliqua aux moulins les systèmes du fermage, parfois à temps, le plus souvent héréditaire (5). De même que la terre domaniale, les moulins furent sujets aux inféodations (6).

---

(1) *Livre de Guillaume*, 120-121. " A.... habet unam juvenem vaccam pro 4 s. in festo beati R.... ad 3 annos unde est fidejussor J...; idem A... habet unam vaccam unde dabit unum sextarium de butiro... Predicte vacce et vituli qui inde poterunt provenire, dividentur... ad tres annos. „ — *Ibid.*, 15 (1253). " Solvimus W... villico de L... 17 liv. lov. pro pecoribus que emimus cum eo, unde habemus cum eo 100 oves, 1 vaccam, 4 vitulos, 20 porcos. „ Bétail également à cheptel dans l'abbaye d'Orval. *Cartulaire*, 383 (1261) " de animalibus vestris societatem cum aliis contrahentes ea ipsis ad tertiam partem custodienda traditis seu nutrienda. „

(2) *Livre de Guillaume*, 257.

(3) *Ibid.* 16. " H. molendinario 30 solidos pro mercede anni preteriti. — Cfr. *ibid.* 135-136, l'abbaye perçoit le produit des moulins de Saint-Trond et Melveren.

(4) Un nouveau moulin est construit entre les années 1108-1136 près du monastère, ainsi qu'une brasserie et une taverne v. *Gesta abbatum Trudonensium*, I, 149 " quae quantum solvant in anno, qui habent in manibus ex cotidiano fructu possunt experiri. „ Il s'agit donc d'exploitations données en régie. A la même époque, les moulins de Gorssum, Gothem et Moxhe livrent un cens, le premier de 24 muids de de froment, le second de 24 muids de méteil, un muid de froment, 25 sous et 4 chapons; le troisième rapporte 25 sous par an (*Gesta abbatum Trudonensium*, I, 157, 158, 148, 227, 228.

(5) *Livre de Guillaume*, 49 (1256) le moulin d'Orcye est affermé pour un terme de 12 années; en 1262, il est affermé héréditairement. Cfr. *Cartulaire de Saint-Trond*, I, 304. Le moulin de Melveren affermé pour 18 ans moyennant 18 muids de seigle (*Livre de Guillaume*, 342) est également donné à bail héréditaire (*Cartulaire de Saint-Trond*, I, 340 (1270).

(6) *Gesta abbatum Trudonensium*, I, 155. Le moulin de Melveren est usurpé comme fief par le " judex „ Uldericus. — *Ibid.* I, 148. Celui

68

Quant aux brasseries, elles n'appartenaient pas nécessairement toutes à l'abbaye. Sous l'abbé Rodolphe, celle-ci
reçoit en don une brasserie sise à Saint-Trond même " ab
omni jure alieno liberam „ (1). Mais quel que fût leur
propriétaire, toutes les brasseries de Saint-Trond dépen-
daient de l'abbaye en vertu du " droit de grute „ qui lui
conférait le droit exclusif de faire la drèche ou gruau
servant à fabriquer la bière (2). De ce chef, toutes les
brasseries étaient soumises à un cens qu'elles payaient en
bière. A la fabrication de la drèche était préposé le grutier
" grutarius. „ Ce fonctionnaire tendit aussi à devenir héréditaire; il est parlé d'un Reynerus qui succède à sa mère
dans l'office de grutier (3). En 1139, l'office fut hypothéqué
pour 100 marcs et il passa héréditairement aux créanciers
hypothécaires (4).

Quant à l'exploitation des brasseries domaniales, il
est plus que probable qu'à l'origine elles furent comme les
moulins données en régie. Au XIIIe siècle, elles étaient
généralement affermées (5).

Les autres exploitations particulières ne nous sont
guère connues. J'ai dit plus haut un mot des " caupones „
et des " piscatores „ de Haelen, qui étaient soustraits à
l'autorité du maire (6). Au XIIIe siècle un pêcheur de
Haelen était devenu maître de la pêcherie et vassal de
l'abbaye (7). En 1257, le forestier d'Oreye occupait trois bon-

---

de Haelen le fut un moment par un échanson de l'abbaye. — Cfr. *Cartulaire de Saint-Trond*, I, 268, 1253. Chrétien avoué de Saint-Trond
possédait deux anciens moulins de l'abbaye " superius molendinum „
près de Saint-Trond et la moitié du moulin de Gorssum.

(1) *Cartulaire de Saint-Trond*, I, 35 (1108-38).
(2) *Gesta abbatum Trudonensium*, I, 159. Ce droit fut accordé à
l'abbaye par Thierry, évêque de Metz et confirmé en 1060 par Albéron III
son successeur. Cfr. *Cartulaire de Saint-Trond*, I, 20.
(3) *Gesta abbatum Trudonensium*, I, 159.
(4) *Cartulaire de Saint-Trond*, I, 52.
(5) Cfr. *Livre de Guillaume*, 306, pour la brasserie de Borloo (1259).
(6) Voyez supra p. 31.
(7) *Livre de Guillaume*, 62.

niers " pro officio suo „ et n'avait à fournir aucune prestation (1).

Quant aux tenanciers, ils occupent des tenures héréditaires. Leurs obligations consistent dans le payement de redevances fixées en argent et en nature, et dans la fourniture de journées de travail pour la mise en culture de la terre domaniale et l'entretien des bâtiments de la cour (2). Au cens s'ajoute parfois un droit de relief : l'héritier paie " pro requisitione terre, „ un droit s'élevant au produit d'une année du cens de la terre (3). Les prestations en nature ne représentaient à l'origine qu'une part minime du rendement de la terre exploitée. Il en fut de même à plus forte raison quand la culture devint plus intensive; d'autre part, les cens payables en argent se réduisaient presque à rien par la diminution du pouvoir d'achat des métaux précieux Le censitaire profitait donc seul de la plus-value causée soit par son industrie personnelle, soit par l'accroissement de la population et de la prospérité générale du pays (4).

A côté des tenures héréditaires à faible cens, apparaissent au XIIe mais surtout au XIIIe siècle, de nouveaux modes d'exploitation de la terre : le fermage et la tenure en champart.

---

(1) *Livre de Guillaume*, 49 et cfr. p. 346. L'abbaye achète l' " officium forestarii „ d'Emberen.

(2) *Gesta abbatum Trudonensium*, I, 147 (1108-36). 6 bonniers paient 30 setiers de blé, un muid d'avoine et 40 deniers. — Cfr. *Livre de Guillaume*, 50, le cens en argent à Oreye s'élève à 4 deniers liégeois par bonnier. — *Ibid.* 236, 1252. Chaque bonnier à Villers-le-Peuplier paie 4 deniers liégeois, 4 " dosenae „ mi-épeautre, mi-avoine et 2 1/2 œufs. Parfois la tenure n'est soumise qu'à un cens en argent; il s'élève par manse à 5, 6 ou 7 sous *(Gesta abbatum Trudonensium*, I, 147, 151, 157, 171. — *Cartulaire de Saint-Trond*, I, 18, 25 et 108. — *Livre de Guillaume*, 321. — Cfr. *Gesta abbatum Gemblacensium, Mon. Germ. Hist. Script.* 546 l. 35 à 40, un manse paie 3 sous et 8 poulets; 2 autres manses paient 10 sous et 4 poulets; un quatrième paie 4 sous.... " et ita ut immunes essent ab omni servitio. „

(3) *Cartulaire de Saint-Trond*, I, 18, 25.

(4) Cfr. d'Avenel, *Histoire de la propriété*, etc. I, 200.

Il est des exemples de baux héréditaires (1) mais généralement la terre est affermée pour douze ans (2) pour
six ans (3) parfois pour trois ans (4).

Il en va de même pour les terres données en
champart (5).

Le bonnier de terre affermée paie généralement 22 ou
23 " dosenae „ de blé (12 pour un muid) ou 15 setiers
(8 pour un muid) (6). Les terres données en champart
le sont " ad medietatem, ad terciam, ad quartam garbam „ (7).

D'après un relevé dressé dans le *Livre de Guillaume*
les terres données en champart sont beaucoup moins nombreuses que les terres affermées : 8 bonniers contre 40
à Stayen, 3 bonniers à Borloo contre 34 et 3 à Mielen
contre 26 (8).

Le fermage montre une tendance à remplacer la terre

---

(1) *Cartulaire de Saint-Trond*, I, 113 (1167), un alleud à Maxen-
seele. — *Livre de Guillaume*, 305, 1258. Pars culture (Borlo) data ad
pactum et censui hereditarie. „ — *Cartulaire de Saint-Trond* (Bibliothèque de l'Université de Liège) f° 115 (1264). " 24 bonuaria terre jacentis
in territorio de Casselar..... in emphiteosim tenenda... pro pensione
unius marche annuatim. „

(2) *Livre de Guillaume*, 226 et sqq.

(3) *Ibid.* 251, 253, 275, 317, 319.

(4) *Ibid.* 272.

(5) *Gesta abbatum Gemblacensium* (M. G. SS. VIII. 551 l. 44, 1100),
des " ruricoli „ exploitent un champ " eo pacto ut quartam garbam
inferrent horreis aecclesiae. „ — Cfr. *Livre de Guillaume*, 275, 118,
318; id. 269, champart à vie.

(6) *Ibid.* 226, 227 sqq. 252 sqq. et 283 (2 " mod. frumenti „ par
bonnier) ou 2 muids de seigle par bonnier *(ibid.* 273 sqq.); *ibid.* 283 sqq.,
3 muids d'épeautre. — Parfois le fermage est payé en argent; cfr. à
Stayen *(ibid.* 272).

(7) *Livre de Guillaume*, 251, 253, 254, 256, 262, 265, 311, 318, 319,
320. — *Ibid.* 231, 354. — *Ibid.* 118. *Ibid.* 275, 8 bonniers et 14 verges ½
cultivés " ad medietatem „ rapportent 17 ½ muids de seigle; donc
environ 2 muids par bonnier. — Le produit brut d'un bonnier emblavé
de seigle s'élèverait donc à 4 muids.

(8) *Livre de Guillaume*, 275; 291, 319-20.

à champart (1) ce qui se comprend, ce dernier mode d'exploitation apparaissant surtout là où le paysan ne dispose pas d'un capital d'exploitation.

Le fermier ou métayer n'est pas libre de modifier les assolements et l'abbaye prend des précautions pour éviter l'épuisement du sol et obtenir le payement régulier du fermage (2).

Les premiers contrats de fermage à Saint-Trond datent pour le moins des premières années du XIII⁰ siècle (3); mais c'est pendant l'abbatiat de Guillaume de Ryckel (1248-1272) que ce nouveau mode d'exploitation fut appliqué sur une grande échelle.

Pour ce qui est des formes de concessions usitées dans le pays de la Moselle, je renvoie à ce que j'en ai dit plus haut (4).

---

(1) *Livre de Guillaume*, 253, 254 à 256, 275, 317, 319. — Le contraire pourtant, *ibid.* 253.

(2) Cfr. supra, p. 39, 43, 44, note 2. — *Livre de Guillaume*, 259 et 275, " marlabit terram et fumabit. „ — *Ibid.* 269, une tenure donnée à champart : l'abbé fournit la moitié de la semence nécessaire et fait construire un grenier; la maison du tenancier sera réparée à frais communs. — Le produit de la terre sera partagé sur le champ ou dans le grenier du preneur au gré de l'abbaye. La paille reviendra au preneur. Il doit marner 3 bonniers et exploite le reste comme il l'entend. — Cfr. supra p. 39 sur les fidéjusseurs. Remise est faite du cens au fermier en cas de calamité ou tout au moins un délai est accordé pour le payement. *Livre de Guillaume*, 295 (1252-1253). " Habuit ecclesia nostra multas oppressiones apud Borloo ab Hugone qui quondam fuit scultetus et a comite de Los et terra nostra jacuit ibidem inculta ita quod de uno anno oportebat nos diutterere de pacto debito Jordano scabino 9 mod. — *Ibid.* 325. " Dimisimus de pacto de Brustemio 20 mod. siliginis et induciavimus 10 mod. usque post augustum. „

(3) *Livre de Guillaume*, 329. Les " bona „ de Aalem ont été donnés " ad pactum „ du temps de l'abbé Chrétien. Or Chrétien fut abbé de Saint-Trond de 1193 à 1221. — *Ibid.* 223. " Ecclesia Sancti Trudonis quondam ante tempora abbatis Willelmi habuit apud Borloo 60 bonuaria et 13 virgas magnas terre arabilis sive culture et solvebat quodlibet bonuarium 3 modios spelte annuatim ad pactum. „ — *Cartulaire de Saint-Trond*, I, 190 (1230), un bonnier et demi à Borloo est affermé héréditairement pour 3 muids d'épeautre et 3 deniers liégeois. — *Ibid.* I, 224 (1246), la cour de Provin est affermée en 1246 pour 150 livres de blancs.

(4) Cfr. supra p. 50 à 59.

Résumons-nous donc : L'ancien domaine monastique comprenait des manses occupés héréditairement par des tenanciers et des terres domoniales exploitées directement par l'abbaye au moyen des corvées de ses tenanciers. — Dans la seconde moitié du XIIIᵉ siècle, les manses nous apparaissent divisés en tenures plus en moins considérables (1), mais toujours occupées héréditairement moyennant une légère redevance. Les corvées ont presque entièrement disparu. Quant aux terres domaniales, aux " culturae „ l'abbaye les a affermées par parcelles (2) payant un fermage ou un champart relativement élevé. Nous sommes à une époque où la vie est intense dans les villes, où les produits du sol sont demandés où les bras manquent à la terre et où les paysans, libres, ont désormais le sentiment de leur force. Ils ne laissent pas d'en abuser (3).

Pour finir, un mot sur les dîmes : de bonne heure elles furent affermées et cela est aisé à comprendre; elles n'entraient pas à proprement parler dans le cadre de l'organisation domaniale et ne devaient pas attendre la disparition de cette organisation pour être exploitées suivant un système d'économie rurale plus développé. La première mention de dîmes affermées à Saint-Trond remonte aux années 1136-1138 (4). Au XIIIᵉ siècle, elles font l'objet de baux héréditaires (5), de baux de douze

---

(1) Cfr. supra, p. 38.

(2) Cfr. supra, p. 40, 41, 44.

(3) *Livre de Guillaume*, 210 et 213. Les masuirs s'arrogent le droit d'exploiter les terres domaniales de l'abbaye et se refusent même au paiement du cens. — *Ibid*. 209 à 216, 276, 304 et 320, nombreux refus de paiement du fermage.

(4) *Gesta abbatum Trudonensium*, I, 239. " Quid loquar de decimis cum pene omnes sint ad dampnosum pactum datae. „

(5) *Cartulaire de Saint-Trond*, I, 170 (122.). Affermage de la dîme de Corbeck-Loo. Un délai de 40 jours est accordé pour le payement du cens. — *Ibid*. 210 (1242).

ans (1), de sept ans (2), de six ans (3), de trois ans (4),
de deux ans (5) et surtout d'un an (6).

---

(1) *Livre de Guillaume*, 43 (1252). La dîme de Aelst. Les clauses
du bail sont intéressantes : le fermage s'élève à 25 muids de seigle et
25 muids d'orge livrables à l'abbaye à la Saint-André sans délai. En cas
de décès du preneur, la femme continue le bail ; si les deux meurent, ce
sera le fils aîné. Il leur faut le consentement de l'abbaye pour sous
louer. Les 12 ans révolus, la dîme fait de droit retour à l'abbaye. Quatre
fidéjusseurs engagent leurs biens pour assurer le paiement du fermage.
Ibid. 169. L'abbaye donne aux fidéjusseurs " 6 denarios sterlingorum in
testimonium ad bibendum. „ — *Ibid.* 353. S'il y a retard dans le payement de fermage, le preneur " cadet a censu et extunc nichil juris habet
in pacto. „

(2) *Livre de Guillaume*, 344 pour Bern et Herpt.
(3) *Cartulaire de Saint-Trond*, I, 260 (1253) pour Loxberghe.
(4) *Livre de Guillaume*, 323 et 353 pour Hunsel.
(5) *Ibid.* 323 pour Exel.
(6) Cfr. supra, p. 48 pour le Testrebant. *Livre de Guillaume*, 322
et 323, dîmes de Wychmael, Peer et Petit Brogel.

II.

ORGANISATION CENTRALE.

Dans le *Capitulare de villis*, le judex, chef suprême du fisc, concentre dans ses mains presque toutes les attributions ne laissant que la haute surveillance au pouvoir central représenté par le sénéchal et l'échanson ; tous les revenus affluent au centre du fisc ; le roi et sa suite viennent les consommer sur place. A Saint-Trond, il en est tout autrement : les cours censives sont dispersées et les moines ne se transportant pas dans les villas pour aller consommer les revenus, on dirige le tout vers Saint-Trond employant autant que possible, les anciennes routes romaines ou le Rhin pour le vin qui vient de la Moselle (1).

Le pouvoir central est ici amené à jouer un rôle autrement considérable que dans le *Capitulare de villis;* un aperçu du fonctionnarisme de l'abbaye en est la preuve.

Il faut distinguer les moines et les " ministeriales " :

a) **Moines.** — Les moines interviennent dans l'administration. Cela se comprend aisément : le monastère ne subsiste qu'au moyen du domaine. D'autre part, Saint-Trond est un cloître bénédictin et la règle de Saint-Benoit fait une grande place au travail manuel. L'abbé a ses revenus à part dont il dispose librement pour lui et ses

---

(1) L'abbé d'Himmerode en 1264, s'est engagé à fournir du vin à Saint-Trond : " Si per guerram descensum navium contigerit impediri „ Lamprecht, *op. cit.* III. Le vin descend jusque Cologne et il est amené à Saint-Trond par la grand'route romaine. *Livre de Guillaume,* 83. H. de R... va à Cologne " pro vino reducendo. „ En 1161 le monastère est affranchi du tonlieu du vin à Rolduc (Cercle d'Aix-la-Chapelle) et à Galoppe (Limbourg-Hollande).

serviteurs (prébende et mense de l'abbé) (1). Mais ce qui nous importe surtout ici, ce sont les revenus de la communauté, la " mense des frères. „

L'abbé doit veiller à accroître les revenus du monastère; ses supérieurs ecclésiastiques lui recommandent de ne pas négliger le côté temporel de sa fonction (2). Il ne peut rien aliéner de la prébende des frères sans leur assentiment " Fratrum prebenda est „ répond Rodolphe à l'évêque de Liège Otbert " sine eorum assensu facere nec audeo, nec debeo „ (3). Dans toute opération qui concerne le temporel de l'abbaye l'abbé s'assure le consentement des moines (4). Parfois aussi il joue un rôle dans la production. L'abbé Luipo vers 1090 se livre énergiquement à la culture de la de la terre et à l'élève du bétail (5). Il perçoit aussi des revenus pour le monastère (6).

---

(1) *Gesta abbatum Trudonensium*, I, 236. " De annona vero, de servisa et de vino nichil habebat abbas singulare preter censum quarumdam villarum et ecclesiarum et molendinorum. De eo procurabat mensae suae in cella et obsequentibus sibi et hospitibus .... et 3 servitia episcopo Metensi .... et ea quae pertinent ad retinenda claustri edificia. „ — *Livre de Guillaume*, 29 et sqq. — *Cartulaire de Saint-Trond*, I, 109 (1164).

(2) *Gesta abbatum Trudonensium*, I, 171, " eo (Rodolpho) itaque secundum episcoporum et abbatum in sacratione sua professionem, servante, inventa, recuperante perdita, recolligente dispersa, emendante neglecta. „ — *Cartulaire de Saint-Trond*, I, 181 (1222). Lettre de l'évêque de Liège au nouvel abbé Jean " onus ecclesie (Saint-Trond) que multum depressa .... sperat posse resurgere tam in temporalibus quam spiritualibus. „ — Dom Berlière, *Statuten des Kardinals H. von Sta-Sabina*, loc. cit. p. 595 " ordinavimus et statuimus quod in monasterio predicto abbas omnium temporalium bonorum curam et amministrationem habeat. „

(3) *Ibid.*, I, 149.

(4) *Cartulaire de Saint-Trond*, I, 313. Vente des biens de la Moselle. " De laude et consensu omnium et singulorum fratrum et monachorum nostri conventus. „

(5) *Gesta abbatum Trudonensium*, I, 63. " Cultor agrorum et nutritor pecorum habebatur strenuus. „ — Cfr. *Gesta abbatum Gemblacensium. Mon. Germ. Hist. Scrip.*, VIII, 548, l. 30) " abbas L. ... culturas agrorum in villis et in municipiis .... prout valuit, bene et optime disposuit.

(6) *Livre de Guillaume*, 32.

Le " prior „ ou " decanus „ (1) était le représentant
du couvent auprès de l'abbé : On le trouve à la tête des
moines réclamant pendant l'abbatiat de Guillaume de Ryckel
contre l'insuffisance des vivres et des vêtements (2). Lui
aussi perçoit des cens et il investit parfois les tenanciers (3).

Le cellerier, au contraire, est un fonctionnaire propre
de l'abbé. Généralement, c'est l'administrateur en chef dans
une abbaye (4), mais à Saint-Trond, l'insuffisance des renseignements fait paraître le rôle qu'il y a joué quelque peu
effacé. La charte de 1065 relative à la haute avouerie de
Saint-Trond, stipule que sur les " curtes „ de Borloo, Laer,
Meer, Wilderen, Kerkom, Stayen, Halmael, l'avoué n'exerce
aucun droit, que ces " curtes „ ne relèvent que du prévôt
et du cellérier de l'abbaye (5). Aux XIIᵉ et XIIIᵉ siècles,
nous voyons le cellérier percevoir des cens en argent et
tenir toute une comptabilité des vins de Moselle qu'il est
chargé de distribuer aux moines de l'abbaye (6).

Les autres fonctionnaires sont l' " armarius „ ou bibliothécaire (7) le chantre, " cantor „ (8) le " custos domus
infirmorum „ ou infirmarius (9), l' " elemosynarius „ (10), le
" custos ad luminare „ (11), le frère qui préside au ves-

(1) Le " decanus „ apparaît pour la première fois comme témoin
dans une charte de 938. (*Cartulaire de Saint-Trond*, I, 8); la fonction se
maintient jusqu'à la fin du XIᵉ siècle. Le " decanus „ Boso apparaît en
1091 (*Gesta abbatum Trudonensium*, I, 122); ce terme s'emploie alors
concurremment avec " prior. „ L'abbé Rodolphe fait observer que le
mot " prior „ a remplacé le terme " decanus. „ — *Cartulaire de Saint-
Trond*, I, 146 (1184) mention d'un " supprior „; elle est unique.

(2) *Ibid.*, I, 280 (1257).

(3) *Ibid.*, I, 47 (1138). *Gesta abbatum Trudonensium*, I, 174.

(4) LAMPRECHT. Op. cit., I², 829. — Cfr. *Cartulaire de Cambron*, 167
et 680.

(5) *Cartulaire de Saint-Trond*, I, p. 22.

(6) *Ibid.* I, 48 (1139). *Gesta abbatum Trudonensium*, I, 153. *Livre
de Guillaume*, p. 103 à 115.

(7) *Cartulaire de Saint-Trond*, I, 12.

(8) *Ibid.*, I, 117.

(9) *Gesta abbatum Trudonensium*, I, 173.

(10) *Ibid.*, I, 139 et 150.

(11) *Ibid.*, I, 77.

tiaire (1). Toutefois deux de ces fonctions peuvent être réunies dans une même main. Folcard, cellerier en 1108 est en même temps chantre (2); en 1155, Wiricus est prévôt et bibliothécaire (3).

Il faut aussi comprendre dans l'administration les frères qui occupent le prieuré de Donck et l'exploitent pour le compte de l'abbaye. Un petit cloître avait été bâti dans cette villa avec des officines pour les cénobites, une maison dominicale et un grenier. Deux moines de l'abbaye (fratres) étaient venus s'y installer avec des serviteurs; ils vivaient du produit de leur travail et il leur restait assez pour envoyer à Saint-Trond deux livres chaque année (4).

Ajoutons encore ces fonctionnaires qui servent d'intermédiaires entre Saint-Trond et les cours censives parfois si éloignées, je veux parler des prévôts et des « nuntii „

La première mention d'un prévôt à Saint-Trond remonte à 938 (5). Aux XIIe et XIIIe siècles, le domaine de Saint-Trond est réparti entre diverses prévôtés.

En 1146, nous savons l'existence d'un prévôt à Provin auquel le maire fournit des journées de travail et livre les revenus de la villa (6). C'est encore un prévôt qui perçoit les revenus des villas que Saint-Trond possède dans le pays de la Moselle (7). A la même époque est mentionné le

---

(1) *Gesta abbatum Trudonensium*, I, 154.

(2) *Ibid.*, I, 117.

(3) *Ibid.*, II, 31. — Cfr. le *Cantatorium Sancti Huberti*, éd. Robaulx de Soumoy 230 (1055). On y rencontre outre l'abbé Thierry, R... senex E... decanus, E... precentor, G... prévôt, A... trésorier, L... camerier, L... organiste, C... cellerier, R... bibliothécaire, deux écolâtres et 6 moines.

(4) *Gesta abbatum Trudonensium*, I, 161 (1108-36). — *Ibid.*, II, 232 vers 1290. — Sur les huit prieurés fondés à Saint-Hubert à la fin du XIe siècle, cfr. KURTH, *Les premiers siècles de l'abbaye de Saint-Hubert* dans les *Bulletins de la commission royale d'histoire*, 5e série, t. VIII, p. 80 et sqq.

(5) *Cartulaire de Saint-Trond*, I, 8.

(6) Cfr. supra, p. 34.

(7) *Ibid.*, p. 52.

prévôt d'Aalburg ou du Testrebant (1). Enfin le prévôt de la Hesbaye (2) a dans ses attributions la grande masse des propriétés dispersées autour de Saint-Trond.

Il est parfois parlé du " major ecclesie prepositus. „ C'est le titre porté en 1155 par Wiricus qui devint abbé la même année (3). Ce " major prepositus „ semble être identique au prévôt de Hesbaye dont l'obédience est de beaucoup la plus importante. Le fait que nous voyons le prévôt de Hesbaye devenir abbé et être remplacé comme prévôt de Hesbaye par celui d'Aalburg me paraît confirmer cette manière de voir (4).

Au XIIIᵉ siècle, la villa de Provin a été affermée et le prévôt a naturellement disparu. En outre, les prévôts de la Moselle et du Testrebant semblent n'être alors que des commissaires chargés de fonctions spéciales et tempo-raires. Rien d'étonnant dès lors s'ils sont souvent remplacés par des " ministeriales „ ou des moines de l'abbaye (5). Au XIIᵉ siècle déjà, le prévôt de la Moselle apparaît comme un simple commissaire. Il n'en va pas ainsi à la même époque du prévôt du Testrebant qui fournit à l'abbaye le " servi-tium „ depuis la Saint Remy jusqu'à la Pentecôte (6). Mais au XIIIᵉ siècle, il a perdu également son importance primi-tive (7) et depuis lors, le seul prévôt à proprement parler

---

(1) Cfr. supra, I, 347 (1278).

(2) *Gesta abbatum Trudonensium*, I, 232-234. — *Cartulaire de Saint-Trond*, I, 147. Le prévôt dont parle le fragment de polyptyque (v. supra p. 28) est sans doute prévôt de Hesbaye comme il semble ressortir des localités qui composent son obédience.

(3) *Gesta abbatum Trudonensium*, II, 31.

(4) *Cartulaire de Saint-Trond*, I, 122 (1175). Nous trouvons men-tionnés comme témoins deux prévôts de Saint-Trond, Nicolas et Thierry, celui-ci comme prévôt d'Aalburg. Nicolas apparaît pour la dernière fois comme prévôt en 1177. (*Ibid.*, 134). En 1180, Nicolas est cité en qualité d'abbé (*Ibid.*, 140) et en 1184, Thierry est devenu prévôt de Hesbaye (*Ibid.*, 146), c'est donc que Nicolas était bien prévôt de Hesbaye.

(5) Voyez supra, p. 50 et ci-dessous, p. 79.

(6) *Gesta abbatum Trudonensium*, I, 232.

(7) Ainsi Franco prévôt de Aalem qui va percevoir les revenus de

est celui de Saint-Trond ou de Hesbaye qui, avec l'abbé,
perçoit l'ensemble des revenus de l'abbaye (1).

Quant aux " nuncii, „ ce sont des moines ou des
" ministeriales „, délégués pour aller rassembler les produits
des cours domaniales (2), recevoir les cens ou les fermages (3) représenter l'abbaye dans toutes les affaires
d'administration (4).

b) Ministeriales. — Nous avons à nous occuper maintenant du second groupe de fonctionnaires c'est à dire des
" ministériales. „ On entend par " ministériales, „ l'ensemble des non libres chargés par leur seigneur d'attributions
domestiques, militaires ou administratives. Ce ne sont pas
des tenanciers, mais des serviteurs entretenus et nourris
dans la maison de leur maître. Non libres, ils lui sont
rattachés par un lien personnel. Mais de bonne heure, ils

Saint-Trond dans le Testrebant. Il est cinq semaines absent, afferme les
terres, fait ensemencer les terres exploitées par l'abbaye (*Livre de Guillaume*, 118), perçoit les cens du par des masuirs et ne livre les revenus
à Saint-Trond que déduction faite de ce qu'il a dû payer en pensions,
en réparations de tout genre (*Ibid.*, 128).

(1) *Livre de Guillaume*, 29 à 32.

(2) *Cartulaire de Saint-Trond*, I, 191 (1230). Un " nuncius „ va à
Borloo " ad colligendum et conservandum messem nostram. „

(3) *Ibid.*, 133 (1177). Maison de Cologne. — *Ibid.*, 306 (1262). Moulin d'Oreye.

(4) *Ibid.*, 313 (1264). Vente des propriétés de la Moselle : " Nos....
fratrem F.... monachum nostrum ..... procuratorem constituimus et
nuntium specialem ut predictos .... abbatem et conventum de H....
inducat in corporalem possessionem omnium predictorum. „

Ibid., 287 (1257). Le " nuntius „ est parfois un laïc : la dîme de
Herpt est concédée à vie à un certain Gautier qui remplira les fonctions
de " nuncius „ à la réquisition de l'abbaye. „

N. B. Au point de vue du fonctionnarisme monastique, le *Cantatorium*, offre l'exemple intéressant d'un simple moine chargé des plus
importantes fonctions économiques; je veux parler de Lambertus major
qui était moine en 1055 (*Cantatorium* 231) et qui fut " strenuus coopera-
tor abbatis Theoderici in acquirendis praediis et ornamentis, in reno-
vandis et ampliandis aedificiis in vitreis et fabrefacturis, in ordinando
fratrum victu et vestiti et in quibuscumque poterat aecclesiae profecti-
bus et utilitatibus „ (*Ibid.*, 310). Voir pour son activité économique,
Ibid., 246, 276, 301, 302, 305, 310.

reçoivent des terres en bénéfice puis plus tard, ce bénéfice et les fonctions qui y sont attachées, deviennent des fiefs héréditaires. Le " ministérialis „ ne se distingue plus alors des autres vassaux, si ce n'est que les obligations qui le lient à son seigneur ne découlent pas d'un contrat, mais sont la conséquence de son origine servile.

Tel a été le développement de la ministérialité en France mais surtout en Allemagne et dans notre pays.

Voici d'après le *Livre de Guillaume*, le relevé des " ministeriales „ de Saint-Trond pour l'année 1261 : un maréchal, un sénéchal, un échanson, un camérier, un maire de la cour, une écoutête, un sous-cellerier, quatre cuisiniers du couvent, deux de l'abbé, deux laveurs, deux serviteurs qui réparent les habillements ou " sartores, „ deux boulangers pour le pain blanc et deux pour le pain de seigle, un hospitalier (hospitarius seu stabularius), un forestier, un meunier et quatre ouvriers pour les fenêtres (1) ajoutons seize " famuli „ aides des ministériels (2).

Il ne semble pas que la différence classique entre grands et petits " ministériales „ ait été à Saint-Trond nettement tranchée. Le sénéchal et l'échanson n'y eurent jamais grande importance. Les fonctions administratives que nous les voyons remplir dans le *Capitulare de villis*, avaient été à Saint-Trond confiées aux prévôts et aux " nuncii. „

Le *Livre de Guillaume* à la date de 1260, fait mention de vingt-neuf " ministeriales „; vingt et un d'entre eux avaient droit chacun à une prébende; l'abbaye racheta seize de ces prébendes (3). Les " ministeriales „ reçoivent également certains revenus les jours de la Saint Remi et de la Saint Trond (4); [au temps de l'abbé Rodolphe (1108-36) les " servientes „ de la cour recevaient 12 deniers pour

---

(1) *Livre de Guillaume*, 93, 94.
(2) Pour les maires, voy. plus haut, p. 61 et sqq.
(3) *Livre de Guillaume*, 93.
(4) *Livre de Guillaume*, 94.

boire les jours de Saint Quintin et de l'ordination de Rodolphe] (1).

Les " ministeriales „ et les " famuli „ obtiennent de l'abbaye le pain et la cervoise : tous les jours, un pain de 4 ou 5 marcs ou un pain semblable à ceux des moines, et pour 1 à 3 deniers de cervoise; ajoutez-y des vêtements fourrés et non fourrés et de simples tuniques (2). Ils ont droit à un salaire qui varie entre 10 et 30 sous de Louvain (3). Quelques-uns disposent d'un bénéfice (4). La condition des " ministeriales „ va toujours s'améliorant. Ils en arrivent à posséder des fiefs (5) et à devenir vassaux de l'abbaye. En 1136 le " dapifer „ Hezelo ajoute à son fief des terres de la " cultura „ de Saint-Trond et de Stayen et le moulin de Gothem (6). En 1283 ses descendants sont des vassaux héréditaires de l'abbaye (7). Le " dapifer „ achète les vivres pour la mense de l'abbé et sert les mets à table; en retour, il reçoit en deux fois, 29 sous 3 deniers de Louvain à la Saint André et à la Saint Jean-Baptiste, sept pains de 4 livres par semaine ($\frac{3}{4}$ seigle et $\frac{1}{4}$ froment), sept coupes de cervoise d'une contenance totale d'un

---

(1) *Gesta abbatum Trudonensium*, I, 179.

(2) *Livre de Guillaume*, 88.

(3) *Ibid.*, 89. — *Ibid.*, 9. Le maréchal a droit annuellement à une prébende de seigle et 25 sous.

(4) En 1108 le " sanguinarius „ occupe une terre de 16 bonniers. Eu 1264 et 1265, des ouvriers qui réparent les fenêtres tiennent héréditairement l'un un demi-mause, l'autre, la moitié d'une dîme de 5 manses. — *Ibid.*, 215. Henricus " cocus „ a " 2 bonuaria terrae pertinentia ad officium suum. „

(5) *Gesta abbatum Trudonensium*, II, 175, 176 (1180-93) " plus quam 27 officia seu ministeria sive in feodum aut in aliud jus hereditarium diverse persone in gravamen magnarum impensarum nostre ecclesie possederunt. „ Les " ministeriales „ forment une communauté à part qui a son droit propre. La condition du maréchal est réglée " secundum quod officiati declarabunt „ *Livre de Guillaume*, 9.

(6) Ce fief " ad dapiferi ministerium pertinebat; „ *Gesta abbatum Trudonensium*, I, 227.

(7) *Cartulaire de Saint-Trond*, I, 368 et 370.

6

" pecarium „ et il a droit aux reliefs de la table du réfectoire (1).

Les convers occupent dans l'administration une place à part. Ce sont des laïques entrés dans la " société des frères „ ayant ainsi un caractère religieux. Voici un exemple : " Reynerus a été admis dans la société des frères. Bien qu'il ne soit pas astreint à une obéissance complète, il fera ce qu'il peut faire honorablement : servir à table, porter les clés, garder les greniers, suivant que l'abbé le lui enjoindra „ (2). En 1252, l'abbaye confie l'exploitation de ses propriétés à Aalburg et à Aalem à frère Reynerus de Berlo (3). En 1257, frère Gérard, cultive 6 bonniers " ad medietatem „ (4); il est marié et reçoit une pension de l'abbaye (5).

Passons maintenant à l'étude de la perception des revenus. Les dépenses annuelles qui incombent au monastère sont nombreuses. Il faut pourvoir au réfectoire, au vestiaire, à l'infirmerie où l'on soigne les moines malades, à l'aumônerie des pauvres, au luminaire et à l'hôtellerie, il faut au XIIIe siècle notamment, payer un nombre considérable de pensions.

Comment le nécessaire est-il fourni à ces différents offices? Au premier abord, il semble que toutes les ressources de l'abbaye vont se rassembler dans les caisses et les greniers du couvent et qu'on procèdera à leur répartition suivant l'importance de l'office. Mais à cette époque qui est encore de " *Naturalwirtschaft*, „ la grande partie des revenus étant payés en nature, il était difficile de les faire parvenir à Saint-Trond, d'autant que les cours cen-

---

(1) *Cartulaire de Saint-Trond*, I, 368 et 370.

(2) *Ibid.*, 276. Dans l'abbaye de Cambron, les convers dirigent souvent l'exploitation des cours censives *(Cartulaire de Cambron*, I, 159 (1283), 705 (1277), 460 (1270), tome II, p. 210 (1310).

(3) *Livre de Guillaume*, 101 et 102.

(4) *Ibid.*, 265.

(5) *Ibid.*, 57.

sives étaient souvent très éloignées. On comprend donc
que des pensions par exemple, étaient assignées à cer-
taines cours où allaient les prélever ceux qui y avaient
droit (1).

Quant à la répartition entre les divers offices, elle était
entravée par le fait que les donations pieuses, les fondations
de messes d'anniversaires avaient souvent assigné des
revenus à un office bien déterminé (2).

Difficulté de faire parvenir à Saint-Trond des redevances
en nature, assignation des revenus fixée d'avance, voilà
deux raisons qui rendent impossible l'existence d'une caisse
centrale.

Sur le fonctionnement des différents offices, la chronique et le *Livre de Guillaume* fournissent des indications
intéressantes.

La première mention d'un état de recettes nous reporte
à l'année 870. Sur l'ordre de l'évêque de Metz on procéda
à un relevé de la prébende des moines. L'abbaye pouvait
disposer de 1600 muids d'épeautre, de 1920 muids d'orge
pour fabriquer la cervoise, de 16 porcs gras, de 60 muids
de légumes et 24 muids de sel (3).

Vers 1138, nous trouvons mentionnés différents offices
avec les revenus y affectés. Pour le réfectoire, les prévôts

---

(1) *Livre de Guillaume*, 97 (1257), " summa pensionum 126 modii,
siliginis preter pensiones alias que assignate sunt ad certas curtes que
valent multum. „ — *Cartulaire de Saint-Trond*, I, 285 (1257), pension
de 20 muids de seigle payables à la cour de Donck. — *Livre de
Guillaume*, 77 (1253), cfr. l'emploi des revenus de Milen.

(2) *Gesta abbatum Trudonensium*, I, 171, 172, 173, 175, 176, 177,
178; II, 209, 210. — *Livre de Guillaume*, 44, le produit des moulins de
Saint-Trond et de Gorsum défraye la " familia, „ les hôtes et des
pensionnaires de l'abbaye. — *Ibid.*, 334 (1256) donation d'un marc
" ad pitanciam conventus. „ — *Ibid.*, 150. A Ham, " habet custos
noster 12 mod. spelte et unam mr. quam dedit Christianus advocatus ad
opus hostiarum. „ — *Ibid.*, 351 " Decima de Lare pertinet ad custodem. „
— *Cartulaire de Saint-Trond*, I, 295, partage de revenu entre le réfectoire et l'aumônerie.

(3) *Gesta abbatum Trudonensium*, I, 9.

de la Hesbaye et du Testrebant ont à fournir le " servitium, „ ce dernier depuis la fête de Saint Remi jusqu'à la
Pentecôte concurremment avec le prévôt de Hesbaye qui
fournit seul le " servitium „ depuis l'octave de la Pentecôte
jusqu'à la Saint Remi. La portion de chaque moine est
fixée pour tous les jours (jours ordinaires, jours maigres,
jours fériés) en pain, œufs, viande, poisson, fromage, légumes, fruits et vin (1). La réforme clunisienne (1107) avait
restreint la prébende de chaque moine, notamment en
vin (2). A la fin du XIII° siècle au contraire, il est fait droit
à une réclamation des moines contre l'insuffisance de nourriture (3).

L'office du vestiaire est également bien connu. Au
XII° siècle, ses recettes ne dépassent pas 20 livres. Pour
remédier à cette situation, l'abbé Rodolphe (1108-36) les
éleva de 20 à 30 livres en assignant à l'office les cens des
villas de Seny et de Stayen. D'autre part, pour bien en
équilibrer le budget, le même Rodolphe décida que désormais l'office percevrait dans les villas qui lui étaient
assignées, à la fois les cens en argent et les redevances en
nature. Et alors si une année de cherté des grains survenait,
l'office pouvait toujours compter sur ses redevances en blé;
si au contraire le blé était à vil prix, l'office disposait en
tout cas de ses cens en argent (4). L'intermédiaire est le
frère qui préside au vestiaire (5). C'est lui qui fournit la
cape, les vêtements fourrés, les tuniques, sandales, brode-
quins, etc. En 1258, nous connaissons les revenus attribués
à l'office : Libertus reçoit " ad vestes dominorum „ du
grenier du cloître 14 muids de seigle moins un " vas, „
9 muids, de Brusthem, de Milen, une somme indéterminée,

---

(1) *Gesta abbatum Trudonensium*, I, 232.
(2) *Ibid.* I, 232; II, 206.
(3) *Cartulaire de Saint-Trond*, I, 280 (1257).
(4) *Gesta abbatum Trudonensium*, I, 177.
(5) *Gesta abbatum Trudonensium*, I, 154.

de Borloo, 60 muids de seigle moins 2 " vasa " (1). Les vêtements hors d'usage reviennent aux pauvres (2).

J'en viens à l'infirmerie ; entre 1108 et 1138, 25 sous 3 deniers lui sont constitués pour le feu, la lumière, les ustensiles et la viande, sur des biens à Asbroek, Stevoort, Aelst, Herbais (3). A la tête de l'office se trouve le " custos domus infirmorum (4). Les statuts du légat Hugues de Sainte-Sabine vers 1248 rappellent les obligations de l'abbaye à cet égard : " abbas unum monachum infirmarium instituat qui infirmos secundum eorum exigentiam procuret " (5). Les moines doivent manger tous en commun dans le réfectoire " exceptis debilibus vel infirmis et lassatis qui de licentia abbatis vel prioris in communi infirmaria usque ad revocationem eorumdem poterunt refici vel laucius procurari " (6).

Pour les pauvres, il y a également des bâtiments à part. Rodolphe mentionne deux " domus pauperum " l'une servant l'hiver, l'autre, l'été (7). Ce service avait été désorganisé pendant la guerre des Investitures (8). L'abbé Thierry mort en 1108 y consacra les revenus de la dîme de Brustem (9). La chronique fait aussi allusion à un hôpital pour pauvres avec des revenus distincts (10), à une brasserie (camba elemosine (11) et à une " domus in qua pauperes reficiebantur " (12) en faveur de laquelle sont constitués des

(1) *Livre de Guillaume,* 115, 116.
(2) Dom Berlière *loc. cit.* Statut du 15 Déc. 1252, § 10 " Preterea abbas nulli det novas vestes nisi reddant veteres pauperibus erogandas. "
(3) *Gesta abbatum Trudonensium,* I, 172-173.
(4) *Ibid.,* I, 182.
(5) Dom Berlière, *loc. cit.* Statut avant 1258.
(6) Dom Berlière, *loc. cit.* Statut de 1252, § 3, 4, 5.
(7) *Gesta abbatum Trudonensium,* I, 186.
(8) *Ibid.,* I, 76.
(9) *Ibid.,* I, 78.
(10) *Cartulaire de Saint-Trond,* I, 159, 203.
(11) *Ibid.,* I, 67.
(12) *Gesta abbatum Trudonensium,* II, 33.

revenus de dîmes (1), de courtils (2) et des cens du moulin
de Melveren (3). L'intermédiaire est l' " elemosynarius. "
Les pauvres reçoivent les reliefs du réfectoire et les vêtements des moines qui sont hors d'usage. (4).

Plus tard, l'institution ayant périclité, un statut d'Hugues
de Sainte-Sabine vint la réorganiser vers 1258. " Item unus
monachus elemosinarius instituatur qui reliquias mense
conventus refectorii et infirmarie colligat diligenter et eas
per se vel per alium distribuat secundum quod sibi vide-
bitur expedire. Vinum quod ratione delicti monachis subtra-
hitur elemosinario detur pauperibus „ (5).

Le luminaire, c'est-à-dire le soin d'entretenir la lumière
dans le monastère est confié au sacristain (custos) qui
prélève le cens capital et l'obole banale (6).

Le soin d'héberger les hôtes appartient à l'abbé. A
cette fin, il dispose de revenus spéciaux (7). Les hôtes de
distinction sont reçus dans sa " caminata. „ Le chef de
l'office est le " magister hospitii „ (8). A côté existe une
hospitalité du couvent proprement dit : les hôtes sont reçus
dans un " hospitibus prepositi habitaculum „ (9).

Les statuts de visitation d'Hugues de Sainte-Sabine
renouvellent les prescriptions concernant l'office : " Item
abbas unum monachum hospitalarium instituat qui hospites recipiat et eos procurari faciat vel ad mensam abbatis
vel alias prout abbas voluerit. In absentia vero abbatis eos
faciat procurari secundum merita personarum „ (10).

Le *Livre de Guillaume* nous donne sur l'état de ces

---

(1) *Gesta abbatum Trudonensium*, I, 77.
(2) *Ibid.*, I, 150.
(3) *Cartulaire de Saint-Trond*, I, 46.
(4) *Gesta abbatum Trudonensium*, I, 139 et supra, p. 85, note 1
(5) Dom Berlière, *loc. cit.* Statut de 1258.
(6) *Cartulaire de Saint-Trond*, I, 343, 346.
(7) Cfr. supra p. 120 n. 1.
(8) *Gesta abbatum Trudonensium*.
(9) *Ibid.*, I, 183.
(10) Dom Berlière, *loc. cit.* Statut de 1258.

offices au XIII⁰ siècle, des renseignements précieux : les revenus sont perçus par le prévôt ou par l'abbé ; celui-ci reçoit les cens de Donck, de la Campine, d'Aalburg, de Meer, d'Engelmanshoven, d'Oreye, de Seny, de Stayen et de Saint-Trond, c'est à dire 300 marcs de Liège. Le prévôt reçoit environ six cents livres de Louvain, il fournit aux dépenses du réfectoire (cuisine, pain, vin, cervoise) et à celles du vestiaire, préside à l'office du " custos „ et paie une bonne partie des pensions dues par l'abbaye (1).

L'aumônerie est alors un office fort important. En 1257, 26 muids de seigle sont annuellement consacrés " ad elemosinam cotidianam ante portam „ (2). On cuit pour les pauvres pendant l'hiver 4 " vasa „ de pois par semaine (3) et vers 1270 il y a 250 prébendes de pauvres auxquelles chaque semaine sont attribués un pain, deux harengs et un denier tournois (4).

Voici pour l'année 1257 un état de dépenses avec les revenus attribués à chaque office (5). :

Ad coquinam . 113 mr. et 2 sol. leod.
Ad vinum. . . 112 mr. leod.
Ad cervisiam . 29 mr. leod.
Ad panem . . 190 mod. frumenti, 50 mod. siliginis.
Ad vestes. . . 78 mr. leod.
Ad infirmitorium 20 mr. leod.
Pro elemosina . 30 mod. siliginis.

Si l'on veut dresser un état complet, il faut ajouter les revenus consacrés à la saignée des frères, à l'achat du sel, du linge de table, des ustensiles, du bois de chauffage, aux réparations du monastère et des bâtiments d'exploitation, l'argent ou le blé pour les pensions et l'entretien des

---

(1) *Livre de Guillaume*, 29 à 32 (1253).

(2) *Ibid.*, 96.

(3) *Gesta abbatum Trudonensium*, II, 210.

(4) *Ibid.* II, 210. Cfr. *Gesta abbatum Gemblacensium, Mon. Germ. Hist. Script.* VIII, 542, 543, sur l'organisation du vestiaire et du réfectoire sous l'abbé Mysach (1048-1071).

(5) *Livre de Guillaume*, 100 et 101.

" ministeriales, „ les grosses sommes payées aux usuriers lombards et à l'Eglise (le pape, les évêques, les archidiacres).

Le revenu global de l'abbaye s'élevait à 1200 marcs de Liège (1).

De ce que nous venons de dire il resulte donc qu'au lieu de dresser un état unique des recettes et des depenses on constitue autant d'états particuliers qu'il y a d'offices distincts dans le monastère (2).

D'autre part, les prestations dues par une même cour, un même moulin, un même manse, au lieu d'être consacrées à un seul office, sont partagées entre plusieurs, le réfectoire des frères, l'aumônerie et l'infirmerie par exemple (3). La cause en est qu'elles ont été le plus souvent constituées par des donations et que le donateur en a réglé l'emploi d'un façon déterminée.

Ajoutez à cela que la perception des revenus est essentiellement variable puisqu'ils ne peuvent être prélevés qu'au jour fixé, tels par exemple, les revenus des messes d'anniversaires. Le pouvoir central se trouve ainsi dans l'impossibilité de dresser un budget général et il lui est très difficile de mettre de la clarté dans les petits budgets forcément embrouillés.

---

(1) *Livre de Guillaume*, 95 à 100. — Cfr. *ibid.*, 357 (1259). " Nota quod ecclesia nostra habet de decimis, de culturis, de curtibus, de molendinis et in universis bonis in segetibus, si omnes segetes ad siliginem estimentur : 2300 mod. siliginis annutim et 400 mr. leod. „ Les dîmes rapportent 575 muids, les " cultures „ environ 1300, les moulins environ 420. Les 400 marcs sont le produit de droits divers : droits de relief, droits justiciers, oboles banales, cens et prestations des masuirs. Cfr. *ibid.* 352 á 359.

(2) *Livre de Guillaume*, 116, 1258. Les revenus assignés au vestiaire s'élèvent à 96 liv. 15 sous, 3 deniers de Louvain, la dépense ne monte qu'à 61 marcs et 21 deniers liégeois. Il reste ainsi dû à la caisse centra e 70 sous moins 19 deniers liégeois, et 4 muids de seigle.

(3) *Gesta abbatum Trudonensium*, I, 171, 172, 173, II, 209, 210. — *Cartulaire de Saint-Trond*, I, 295. L'abbé Rodolphe avait assigné au vestiaire des revenus de villas entières. Au XIIIᵉ siècle, ces revenus viennent d'un peu partout (v. supra, p. 84).

La fixation réglementaire de tous les grands revenus et le manque d'un budget unique et régulier paralysent toute action du pouvoir central en vue d'établir une perception plus rationelle des revenus et d'intervenir efficacement dans l'administration des cours censives (1).

En somme, l'abbaye ne s'intéresse sérieusement qu'à la conservation de ses biens et de ses revenus; aussi, garde-t-elle avec soin les chartes de donation, d'achat, d'échange qui sont ses titres de possession et déterminent l'ensemble de ses droits. Mais le système du cartulaire est primitif et un grand progrès est accompli à l'époque de la rédaction du *Livre de Guillaume*, qui indique les villas de l'abbaye, les terres qu'elle exploite elle-même et celles qu'elle a accensées ou affermées, le nom des tenanciers et le chiffre de leurs redevances. L'existence du cartulaire et du *Livre de Guillaume* n'empêche pourtant pas en cas de contestation le recours aux indications des tenanciers convoqués en plaid. On obtient ainsi un record qui détermine le droit des deux parties. En 1257, pour faire valoir les droits de son abbaye, l'abbé se rend à Lulsdorf et à Breisig (2).

Quant à l'importance des revenus de Saint-Trond dans le cours des siècles, il semble que la belle époque soit antérieure à la fin du XIe siècle, c'est à dire à la guerre des Investitures. En 870, la prébende de Saint-Trond s'élève à 1600 muids d'épeautre et 1600 muids d'orge (3). En 1055 encore, la situation financière de l'abbaye était florissante. L'abbé Gontran laissa à sa mort aux frères pour plus d'une année de vivres et de vêtements (4). C'est là d'ailleurs un

---

(1) L'abbé Guillaume, apporta à cet égard de grandes améliorations. Néanmoins, de son temps encore, l'administration se montre parfois peu soigneuse : Cfr. *Livre de Guillaume*, 80, les conséquences désastreuses pour l'abbaye de la négligence des moines et du prévôt de Saint-Trond dans le payement d'une dette à l'avoué de la Moselle.

(2) Lamprecht, op. cit. Pièces justificatives III, 33.

(3) *Gesta abbatum Trudonensium*, I, p. 9.

(4) *Ibid.*, I, 15 et 16.

phénomène qui apparaît fréquemment dans l'histoire des monastères du haut moyen-âge. Durant toute cette période, les abbayes disposaient de gros revenus et économisaient en vue de l'avenir (1).

La guerre des Investitures fut funeste à la prospérité de Saint-Trond; certes, les finances de l'abbaye se rétablirent avec l'abbé Rodolphe (1108-36), mais on ne devait plus revoir la brillante situation économique de jadis. La chronique donne nombre d'exemples de biens hypothéqués (2), des moulins (3), des brasseries (4), des revenus (5), des dîmes (6).

Au XIIIᵉ siècle, la situation financière était réellement déplorable. En 1232, l'abbaye devait aux Lombards 6200 livres tournois (7); en 1239, elle contracte une nouvelle dette de 1200 livres tournois (8). Elle ne fut entièrement libérée qu'en 1271 (9). Mais il avait fallu recourir à des mesures énergiques et parfois extrêmes. J'ai parlé de l'introduction du fermage qui accrut considérablement les revenus de l'abbaye (10). Il ne faut pas oublier non plus ce que rapportaient à Saint-Trond ces églises où, au lieu du personat qu'elle exerçait jadis, elle obtint de placer des vicaires avec portion congrue (11). Le pape alla jusqu'à décider que l'abbaye ne devait pas payer à ses créanciers plus que le " véritable „ intérêt, l'intérêt légal si l'on veut, ni reconnaître les dettes qui n'auraient pas été manifeste-

---

(1) Cfr. Lamprecht, op. cit. I, 844.
(2) *Gesta abbatum Trudonensium*, II, 27 (1138-45).
(3) *Gesta abbatum Trudonensium*, I, 20, 46, 58, 77. — *Cartulaire de Saint-Trond*, I, 166 (1211).
(4) *Gesta abbatum Trudonensium*, I, 67, 160.
(5) *Ibid.*, I, 67 (1145-55). *Cartulaire de Saint-Trond*, I, 245 (1249).
(6) *Gesta abbatum Trudonensium*, I, 77.
(7) *Ibid.*, II, 191. Cfr. *Livre de Guillaume*, 12, des emprunts à des Juifs; *ibid.*, 13, à des Cahorsins; *ibid.*, 12 et 20, même à des particuliers.
(8) *Gesta abbatum Trudonensium*, II, 191.
(9) *Ibid.*, II, 211.
(10) Cfr. supra p. 70 et suiv.
(11) *Cartulaire de Saint Trond*, I, 248 (1249).

ment employées dans son intérêt même (1). En 1247, à la demande de l'abbaye et afin d'en alléger les charges, il prie le doyen de Saint-Servais à Maestricht de repartir entre d'autres monastères pendant trois ans quelques-uns des religieux de Saint-Trond (2).

En 1254, on comptait trente-quatre moines à Saint-Trond; Guillaume déclare que ce nombre devra être réduit à trente, avant qu'il consente à l'admission d'un nouveau moine (3).

Si le nombre des moines est ici en rapport avec l'importance des revenus de l'abbaye, ce serait pourtant une erreur de conclure du petit nombre des religieux au XIIᵉ siècle, à une diminution proportionnelle des ressources. En 1090, ils étaient six ou huit; en 1100, huit ou dix (4). Mais c'était alors la guerre des Investitures. Plusieurs moines avaient violé leurs vœux; d'autres, restés fidèles, avaient dû quitter Saint-Trond pour un monastère plus tranquille (5).

J'ajouterai que si l'on veut se rendre un compte exact de la situation financière de l'abbaye, il faut voir non seulement si les recettes balancent les dépenses, mais encore le profit que l'abbaye tire de ses dépenses; si, comme c'est le cas en 1257, la grande partie des revenus est consacrée à éteindre des dettes, à payer des pensions et les impôts dus à l'Eglise, ou si, comme au XIᵉ siècle, ils sont employés à la reconstruction, à l'agrandissement et à l'embellissement du monastère (6), à la contruction d'églises (7),

---

(1) *Cartulaire de Saint-Trond*, I, 234, 238.
(2) Wauters. *Table chronologique, supplément*, tome VII, 2ᵉ partie, p. 1403.
(3) *Cartulaire de Saint-Trond*, I, 253.
(4) *Gesta abbatum Trudonensium*, I, 69 à 79.
(5) *Ibid.*, 69 à 79.
(6) *Gesta abbatum Trudonensium*, I, 19, 52 à 62, 73. II, 19; en 1157, le monastère est couvert d'ardoises.
(7) *Ibid.*, I, 20. 14 nouvelles églises sont construites entre les années 1055 et 1082.

ou aux dépenses pour le culte : service de la messe, vases de prix, riches tapis, cloches etc. (1).

Aux XIe et XIIe siècles, la science et la littérature étaient cultivées : en 1090, l'abbaye possédait une riche bibliothèque (2), l'abbé Rodolphe (1108-1136), cultivait les lettres, les sciences et la musique (3). La décadence économique enraya ce bel essor. Le luxe qu'on constate encore ne rejaillit plus sur toute l'institution, il est tout personnel, il confirme la décadence, c'est un luxe pour la nourriture et le vêtement; en 1257, les moines réclament contre l'insuffisance de leur prébende au réfectoire et au vestiaire (4).

---

(1) *Gesta abbatum Trudonensium*, I, 78, 79, 97. *Ibid.* I, 39, (1090), l'abbaye est riche en " cortinae et tapetes. „ — I, 189-190, 16 nouvelles cloches pesant 115 $^1/_2$ " centenarios. „

(2) *Ibid.*, I, 45, 46.

(3) *Ibid.*, I, 122, 123 et 136.

(4) *Cartulaire de Saint-Trond*, I, 280. Antérieurement à l'introduction de la réforme de Cluny, Saint-Trond avait connu ce genre de luxe tout spécial : " tenebatur tunc quoque abusio quaedam vestimentorum apud nos; „ les portions de nourriture et de vin furent réduites. Cfr. *Gesta abbatum Trudonensium*, I, 126 et 232.

CHAPITRE III.

———

LA DISPARITION

DE

L'ANCIENNE ORGANISATION ÉCONOMIQUE

et l'essai de restauration au XIIIe siècle.

———

La belle époque des donations, avons-nous vu, .est antérieure au XIIe siècle. La raison en est que l'institution monastique ne satisfaisait plus comme auparavant les aspirations religieuses des populations et que la situation économique d'autre part, s'était profondément transformée. Au XIIIe siècle surtout, la décadence fut visible, et pour échapper à une ruine complète, il fallut avoir recours à des mesures énergiques. Et ce qui est vrai de Saint-Trond l'est de tous les monastères bénédictins des Pays-Bas. Citons seulement pour mémoire Stavelot, Anchin, Florennes, Cisoing et Saint-Bertin (1).

Les anciennes abbayes bénédictines en tant qu'institutions religieuses furent délaissées aux XIIe et XIIIe siècles

———

(1) *Livre de Guillaume*, Introd. p. 3 et Wauters, *Table chronol. des chartes*, VI. Introd. p. 18, 19. Cfr. en général Pirenne, *Geschichte Belgiens*, I, p. 324 et suiv.

pour les abbayes cisterciennes où la vie religieuse était plus intense; au XIIIe siècle, la faveur passa aux couvents de franciscains et de dominicains. Ces nouveaux venus avaient toute la vigueur des institutions jeunes.

D'autre part, au point de vue économique, les abbayes bénédictines souffraient d'un double mal : interne et externe.

Les tenures dépendantes étaient la condition de la prospérité matérielle de l'abbaye. Elles fournissaient des cens, puis des corvées sur la terre domaniale.

Les corvées de jour en jour perdirent de leur importance : les tenures étaient souvent fort éloignées de la cour censive, ce qui s'explique par la formation toute matérielle, inorganique de la propriété monastique, j'entends l'acquisition de villas éparpillées. Une bonne utilisation du travail des dépendants n'était donc pas toujours aisée, puis le manse, unité de répartition pour les corvées se morcela avec l'accroissement de la population et les vicissitudes des héritages, les corvées furent réduites en redevances en nature ou en cens en argent, plus divisibles que des journées de travail (1). Enfin, les maires se rendant toujours de plus en plus indépendants dans leurs fonctions, ne visaient qu'à confisquer à leur profit la terre domaniale et la ruine menaçait toute l'administration économique de l'abbaye.

J'arrive au vice externe : l'organisation économique fort ancienne ne répondait plus à la situation nouvelle amenée par la renaissance du commerce et de l'industrie. Les propriétés des monastères bénédictins formaient de petits mondes fermés qui se suffisaient à eux mêmes. Comme tous les grands domaines du moyen-âge, c'étaient suivant l'expression de M. Bücher des économies domaniales fer-

---

(1) L'accroissement des droits de meilleur catel ne fut qu'une mince compensation car ils étaient peu élevés à cette époque. Cfr. la note sur la condition des " censuales, „ ci-dessous p. 106 et suiv.

mées, extension d'économies domestiques fermées. " Les
paysans, „ dit le même auteur, " exploitent une tenure de
façon autonome et tous en commun participent avec la
cour domaniale à des droits d'usage dans la pâture, la
forêt et les eaux. „ Mais en même temps, ils sont astreints
à fournir à la cour des services et des cens : des journées
de travail sur le champ ou dans l'atelier domanial. Ils
doivent tenir en bon état les bâtiments de la cour censive,
servir de messagers ou de rouliers.

Leurs prestations consistent soit en produits agricoles
(blé, laine, miel, cire, vins, bœufs, porcs, poules, œufs), soit
en bois préparé (bois à brûler ou bois de construction), soit
en produits industriels (toile, chaussettes, chaussures, pains,
bière, couteaux, ferraille etc.). Le grand domaine se suffisait donc à lui-même, il ignorait l'échange; sans contact
avec le dehors, il était conservateur au plus haut point. Il
ne produisait qu'en vue de ses besoins; son seul régulateur
était la valeur d'usage „ (1). Aussi dans ce monde fermé,
les corvées, les cens, une fois fixés, restèrent immuables
par la puissance de la tradition. Les corvées, j'ai dit il n'y
a qu'un instant la cause de leur suppression; quant aux
cens, ou bien ils étaient en nature et les abbayes ne profi-
tèrent en rien de l'énorme accroissement de la rente
foncière qui suivit la période de culture énergique du sol
au temps des Hohenstaufen (2) ou bien ils étaient payés en
argent; or, au XIIIe siècle, avec la renaissance du commerce, l'argent avait subi une dépréciation énorme (3) et
le revenu réel de tous les grands domaines avait baissé
considérablement.

Donc, d'un côté, les corvées sont supprimées, d'autre
part, le produit des cens est diminué de moitié. L'abbaye
se trouve appauvrie, puis doit cesser d'exploiter en faire

---

(1) *Die Entstehung der Volkswirtschaft*, 2e édit. p. 73 et suiv.
(2) LAMPRECHT, op. cit. I², p. 863.
(3) LAMPRECHT évalue la dépréciation à la moitié au moins.

valoir direct; l'ancienne cour censive finit par se réduire
à la ferme et aux bâtiments d'exploitation. Le lien qui
attache le tenancier à la terre censive se relâche, le paysan
devient plus libre, il se sent plus fort et je l'ai dit (1), il
abuse de sa force.

Puis à cette époque de renaissance extraordinaire du
commerce et de l'industrie, il se produit vers les villes un
exode des paysans attirés par des salaires plus élevés. Cet
exode s'explique par le relâchement des liens qui liaient le
paysan à la terre, mais il contribua par le dépeuplement
momentané des campagnes à augmenter la valeur des forces
de travail des paysans. Les paysans aspirent à briser entièrement le lien domanial et dans les campagnes se manifeste
une tendance à l'introduction de formes de tenures entièrement libres (2).

Ces efforts eurent d'autant plus de succès que l'administration de la cour domaniale ne leur opposait guère de
résistance sérieuse.

Le maire passa d'une dépendance étroite à la féodalité,
rejeta parfois tout lien de vassalité. Il prétendit posséder
la mairie comme une propriété héréditaire; si même il ne
parvenait pas à se soustraire entièrement à toute autorité
du pouvoir central, il négligeait l'intérêt de l'abbaye et
n'avait cure que de ses revenus personnels. Les corvées
disparaissant, il tendit à n'être plus qu'un simple collecteur
de cens (3).

Les fonctionnaires du pouvoir central suivirent un
développement analogue. Les " ministeriales „ devinrent des
fonctionnaires héréditaires (4). Les fonctionnaires ecclésiastiques, en rapport direct avec les revenus destinés aux
offices auxquels ils présidaient, se considérèrent à la longue

(1) Cfr. supra, p. 72, note 4.
(2) *Ibid.*, p, 70 et sqq.
(3) *Ibid.*, p. 62 et sqq.
(4) *Ibid.*, 79.

comme ayant droit à ces offices, ils cessèrent de vivre sous le régime de la communauté et en arrivèrent à posséder en propre (1).

Mais, comme M. Lamprecht le fait justement remarquer, toutes ces causes ne suffisent pas à expliquer la décadence extraordinairement rapide des grands domaines. Les coups les plus sensibles leur furent portés par la fréquence des usurpations, des assignations, des inféodations et des aliénations.

D'abord, les aliénations. Des propriétés étaient trop éloignées pour que le pouvoir central pût exercer une surveillance efficace sur leur administration. On préféra les vendre et c'est ce qui arriva pour les propriétés que Saint-Trond possédait dans la Moselle.

Les inféodations de leur côté étaient en somme analogues aux pures aliénations; en principe, elles étaient interdites (2) mais en fait, ou bien des terres étaient inféodées par des abbés ou des évêques qui voulaient récompenser de grands seigneurs (3), ou bien elles étaient usurpées et l'occupant prétendait les tenir en fief (4). L'abbaye réussissait parfois à les reprendre de force (5), mais fort souvent, elle devait les racheter ou se résigner à l'usurpation.

Des cours, des dîmes, des moulins, des brasseries, des cens furent donnés en fief, et souvent il arrive que le fief se transforme en alleud (6).

(1) *Cartulaire de Saint-Trond*, I, 108 (1164). Le prévôt consacre les revenus de 2 manses à l'infirmerie du monastère, se réservant de les percevoir à son usage s'il tombait malade. — *Gesta abbatum Trudonensium*, II, 211. Legs de 600 livres par un prévôt.

(2) *Gesta abbatum Trudonensium*, I. 21, 50, 51, 55.

(3) *Ibid.*, I, 61, 145, 146 à 149, 151 à 155.

(4) *Cartulaire de Saint-Trond*, I, 118.

(5) *Gesta abbatum Trudonensium*, I, 55, 57, 151, 153 et sqq. — Cfr. dans le *Cantatorium S. Huberti*, les nombreuses concessions de fiefs faites en 1086 par l'abbé Thierry.

(6) *Livre de Guillaume*, 212 à 214 et 226, fiefs non relevés.

7

Et quand la terre vint à manquer, à l'inféodation succéda l'assignation : l'abbaye concédait les revenus d'une de ses propriétés ne retenant que le seul substratum. L'abbé Rodolphe déjà, cédait une livre de deniers au maire de l'évêque de Metz (1).

Or, à cette époque, je l'ai montré, les revenus étaient souvent perçus à leur source, non à la caisse centrale (2). Le désordre s'introduisit fatalement dans l'administration de la cour censive et les liens se relâchèrent entre les organismes économiques locaux et l'administration centrale.

Un mot des usurpations. Elle étaient déjà nombreuses au XIIe siècle (3).

Pour le XIIIe siècle, le *Livre de Guillaume* en fait une énumération qui tient seize pages (4). Les abbayes de Milen, d'Averbode, de Gestel, les frères de l'ordre teutonique

---

(1) *Gesta abbatum Trudonensium*, I, 152; II, 24. — *Cartulaire de Saint-Trond*, I, 44. — Cfr. *Gesta abbatum Trudonensium*, II, 193, 194. L'abbé Thomas achète des terres pour les donner en fief et se faire ainsi un vassal (1289-1248) " cum non haberet consanguineos valentes resistere monasterio injuriantibus, contraxit familiaritatem cum Y.... de F... potenti oppidano, emptisque 5 bonuariis terre arabilis et eidem in feodo collatis, fecit illum vassallum suum. Qui fideliter eidem pro muro contra adversarios fuit. „ — Cfr. *Livre de Guillaume*, 123 (1257). L'abbaye a un revenu de 4 marcs à Hunsel. " Inde habet Ysenbout quidam 15 den. col. in feodo. „ — *Ibid.*, 126. Un revenu de 35 sous à Macharen. " Inde habent G... et frater suus 10 sol. lov. in feodo, „ — *Ibid.*, 301. Accord de Saint-Trond avec des particuliers " predicti annuatem solvent 5 sol. pro censu et facient omnia jura curtis ad dictum scabinorum et ex parte abbatis recipient a villico suo 5 sol. predictos pro feodo suo et inde erunt vassalli abbatis. „ — *Ibid.* 328. 10 sous donnés " in feodo. „ — *Ibid.*, 383 (1255). Conflit entre l'abbé et Justacius " miles „ qui prétend tenir en fief de l'abbaye la dîme de Berlingen. Celui-ci renonce enfin à ses prétentions et l'abbé lui donne en fief la dîme d'une " curtis „, et 2 " modios inter siliginem et ordeum „ par an, " donec emat ei terram quae tantum valeat annuatim et inde debet ipse et sui heredes remanere vassalli abbatis et suorum successorum. „

(2) *Gesta abbatum Trudonensium*, II, 178.

(3) Cfr. supra, p. 63.

(4) *Livre de Guillaume*, 207 à 223 (1252-1262).

à Sidert, les chanoines de Sainte-Croix à Liége s'appro-
prient des dîmes. Les fonctionnaires de l'abbaye détour-
nent des revenus (1). Les bourgeois s'emparent du pré de
Willebampt à Saint-Trond (2) et les masuirs de Diest
transforment en pré communal une " culture „ de 100
bonniers (3). Les avoués enlèvent à l'abbaye sa juridiction
et s'arrogent le droit de garder ses forêts (4).

Ces symptômes de décadence, aliénation, inféodation,
assignation, usurpation, se retrouvent dans toutes les
abbayes bénédictines de l'époque.

Il convient maintenant de fixer pour Saint-Trond les
divers étapes de la dissolution économique, de voir à quels
expédients on eut recours pour l'enrayer, de montrer les
transformations introduites sous l'administration de l'abbé
Guillaume.

La fin du XII° siècle témoigne de la décadence de
l'abbaye en tant qu'institution religieuse. L'abbé Christian
(1193-1221) fut déclaré indigne par le pape et privé de la
mitre (5). En 1245, au temps de l'abbé Thomas, des moines
s'étaient insurgés et avaient fait fi de l'excommunication (6).
Les populations ne venant plus vénérer les reliques de
Saint Trond et faire de riches offrandes (7), on eut recours
à une ruse. Un moine étranger de passage au monastère
imagina de découvrir une fontaine miraculeuse. Mais la
ruse fut bientôt éventée. On comptait sur la réussite pour
satisfaire les créanciers de l'abbaye, il fallut trouver autre
chose (8). Saint-Trond était alors en effet dans une situation

---

(1) *Gesta abbatum Trudonensium*, II, 175.
(2) *Livre de Guillaume*, 151.
(3) *Livre de Guillaume*, 207, 208 et *Cartulaire de Saint-Trond*.
(4) Je renvoie pour le détail au chapitre sur les avoués de Saint-
Trond ci-dessous, p. 110 et sqq.
(5) *Gesta abbatum Trudonensium*, II, 178.
(6) *Cartulaire de Saint-Trond*, I, 221.
(7) *Gesta abbatum Trudonensium*, I, 17, 18.
(8) *Gesta abbatum Trudonensium*, II, 178.

difficile puisqu'en 1250 l'abbé voulant racheter la mairie fut obligé d'emprunter 80 marcs de Cologne à un membre de la " familia „ (1). Les statuts du légat Hugues de Sainte Sabine avaient en vue de réformer la discipline monastique (2). C'était déjà beaucoup. Mais c'était surtout l'organisation économique qui réclamait tous les soins. Il avait fallu emprunter et on avait eu recours à des Lombards de Florence et de Sienne (3). Mais l'abbaye ne pouvant régulièrement payer les intérêts, sa dette s'éleva bientôt à un chiffre énorme (4). En 1249, Guillaume qui venait d'être élu se rendit auprès d'Innocent IV à Lyon et il obtint que l'abbaye ne serait obligée qu'à la restitution du capital net (veram sortem) et que seules devraient être payées les dettes contractées à l'avantage évident du monastère (5). C'était là un expédient dangereux, car avec la renaissance du commerce et de l'industrie, l'intérêt ne pouvait plus légitimement être stigmatisé du nom d'usure, et il devenait impossible de le considérer comme illégitime. Nous voyons l'abbaye obligée de verser un supplément pour paiement non effectué à la date fixée (6). Les sommes à rembourser étant trop élevées pour qu'on pût se les procurer rien qu'en distrayant une partie des revenus conventuels, Guillaume vendit bon nombre de rentes à vie (7), emprunta à des créanciers du pays, à des bourgeois, à des prêtres (8). Mais tout cela n'était que des palliatifs ; le vrai moyen, c'était de rentrer en possession de ce qui avait été injustement aliéné, d'ac-

---

(1) *Livre de Guillaume*, 143, 144.
(2) Dom BELIÈRE, loc. cit., p, 590 et suiv.
(3) *Livre de Guillaume*, 20, 336, 101, 335.
(4) *Gesta abbatum Trudonensium*, II, 190, 191, 195.
(5) *Livre de Guillaume*, 334. — *Cartulaire de Saint-Trond*, 1, 234, 237.
(6) *Gesta abbatum Trudonensium*, II, 195.
(7) Cfr. *Livre de Guillaume*, 55, 56, 64, la liste des pensions.
(8) *Ibid.*, 7, 8, 20 etc.

croître les ressources et de réduire les dépenses. Guillaume obtint d'abord du pape et de Conrad archevêque de Cologne et légat du Saint-Siège des privilèges par lesquels il pouvait réclamer le retour à l'abbaye des biens et des revenus engagés sans motifs légitimes et des propriétés usurpées par des seigneurs ou des particuliers (1).

" Il fait preuve, „ dit M. Pirenne (2), " d'une activité infatigable. Aussi habile qu'énergique, il sait tour à tour patienter ou sévir. Il veut tout voir, tout contrôler par lui-même. Il court d'Aalem et d'Alburg à Provin et à Cologne. Notre texte nous le montre réunissant les masuirs pour apprendre d'eux la coutume oubliée, obtenant au lit de mort d'usurpateurs la restitution des terres détenues par eux. Nous le voyons occupé à revendiquer les droits de l'abbaye partout où l'incurie de ses prédécesseurs les avait laissés tomber en désuétude. Il entame des poursuites contre les détenteurs des mairies de Stayen, de Meer, de Borloo et de Saint-Trond. Il fait élargir par la justice le ruisseau de Willebampt dont le cours a été obstrué par des plantations et des constructions; il cite devant l'échevinage et finalement excommunie les bourgeois qui se sont approprié le marais de Saint-Jean. Le détenteur du moulin de Gursendrul qui depuis vingt ans n'a plus payé de fermage se voit obligé de consentir à un bail en règle. A Helchteren, les droits du monastère à la glandée et à la *vennia apum* sont remis en vigueur. A Aalburg, un échange de terres écarte des propriétés de l'abbaye des voisins incommodes. „

Mais la réforme qui signala surtout son administration, c'est qu'il afferma sur une très grande échelle les " cultures „ de l'abbaye, c'est à dire la terre domaniale jusqu'alors directement exploitée, parfois-même les " curtes „ c'est à dire les cours censives avec leurs bâtiments d'ex-

---

(1) *Cartulaire de Saint-Trond*, I, 286 et 243.
(2) *Livre de Guillaume*, Introduction, XX, XXI.

ploitation, enfin les brasseries et les moulins (1). Si à cet
égard l'abbé Guillaume a eu des précurseurs (2), c'est
pourtant lui qui a introduit cette organisation d'une façon
systématique. Aussi, dès 1253, les revenus en blé de l'abbaye s'élevaient à 2300 muids, les cens en argent à
400 marcs de Liége (3). Notre abbé put alors rentrer
en possession de nombreuses prébendes de " ministeriales . (4) et arrondir par ses achats le domaine de
l'abbaye. Il achète une forêt à Beernissem, des terres et
une cour à Aalburg, des biens à Aalem, des terres à Borloo, des maisons à Saint-Trond (5).

Les propriétés trop éloignées de Saint-Trond au contraire, comme les propriété de la Moselle, sont vendues dans
l'intention de se procurer des biens plus rapprochés de
l'abbaye (6).

Telle fut l'administration de l'abbé Guillaume; il avait
trouvé Saint-Trond menacé d'une ruine complète, il réussit
à en restaurer les finances. Son grand moyen avait été
l'introduction du fermage libre.

J'ajouterai pour finir que du jour où le fermage libre
devint la forme de tenure prédominante, l'abbaye cessa
d'être un élément essentiel du développement économique.
La production des biens ne fut plus réglée par la loi du
domaine, de même que la " familia „ cessa de réunir les
hommes en un groupe social. L'abbaye ne fut plus qu'un
grand propriétaire foncier vivant de la rente de la terre.

---

(1) Cfr. supra, p. 68, 70 et sqq.

(2) Cfr. supra, p. 71, note 3.

(3) *Livre de Guillaume*, 357.

(4) *Ibid.*, 93. " De predictis prebendis officiatorum habet ecclesia
16 prebendas quas diversis temporibus acquisivit, scilicet 3 prebendas
coquine. . . etc.

(5) Pour le détail, cfr. *Livre de Guillaume*, Introduction, XXI.

(6) Cfr. supra, p. 58.

CHAPITRE IV.

DE LA CONDITION PERSONNELLE

DES

« censuales » et des « cerocensuales »

DANS LES DOMAINES DE SAINT-TROND (1).

A. — Les " censuales „ forment un groupe particulier de tenanciers placés vis à vis de l'abbaye dans un état de dépendance personnelle. Il sont soumis au payement d'un cens capital, d'un droit de mariage et de morte-main. Vers 1141, ils demandèrent qu'on réduisît leur cens capital de douze deniers à un, et qu'on fixât à douze deniers le droit de morte-main ou de meilleur catel.

La chronique nous dit leurs obligations, telles sans doute qu'elles furent fixées par un record (2). Les cens auxquel ils sont soumis, s'élèvent pour un homme à douze deniers, pour une femme à six deniers; il en est pourtant qui ne doivent payer que quatre ou même deux deniers. Ce cens est prélevé par un maître de cens (magister census).

---

(1) Cfr. une étude de M. Vanderkindere. *Les serfs d'église* dans les *Bulletins de l'Academie*, 1897, pages 409 à 488 et mes observations à ce sujet dans la *Revue de l'Instruction publique*, 1897, pages 420 à 423.

(2) *Gesta abbatum Trudonensium*, I, 240-241. Pour Haelen et Provin, cfr. supra p. 31 et sqq.

A la mort d'un " censualis „ célibataire, ses biens reviennent à l'abbaye ; s'il est marié, mais avec une femme de condition juridique différente ou appartenant à la " familia „ d'un autre seigneur, l'abbaye n'a droit qu'à la moitié des biens ; et elle ne perçoit que le meilleur vêtement si l'homme a épousé une femme de sa condition juridique et appartenant à Saint-Trond.

Les femmes sont également soumises à ce droit de mortemain ; si elles meurent sans enfants, tous leurs biens font retour à l'abbaye, mais celle-ci ne recueille que le meilleur meuble si la femme laisse des enfants, abstraction faite de la condition juridique de l'homme qu'elle a épousée.

Le *Livre de Guillaume*, de son côté, donne des renseignements intéressant la condition des " censuales „ du Testrebant pour la seconde moitié du XIIIe siècle (1). A Hunsel, Loodbroek, Lent, ils paient un cens capital qui s'élève à un denier de Cologne, parfois à quatre, parfois à deux deniers de Nimègue ; le droit de mariage monte à douze deniers de Cologne ; quant au droit de morte-main, s'il est racheté, l'abbaye reçoit douze deniers de Cologne, sinon elle, a droit au " melius pecus. „ Ce sont les maires qui perçoivent les cens et les livrent au prévôt de Testrebant.

B. — Les " cerocensuales, „ désignés aussi par un texte du XIe siècle sous le nom de " tributarii „ (2), paient généralement un cens capital d'un denier (3), un droit de

---

(1) *Livre de Guillaume*, 124 à 127 (1257).

(2) *Cartulaire de Saint-Trond*, I, 34 (1072-75).

(3) Le renouvellement en 1158 d'une charte du IXe siècle *(Ibid.* 92) fixe exceptionellement le taux à 4 deniers pour un homme, deux deniers pour une femme ; une autre charte renouvelée en 1270, le fixe à deux deniers tant pour les femmes que pour les hommes *(Ibid.* 342) ; une charte de (1006-17-23) parle de deux deniers " aut ceram totidem valente „ *(Ibid.,* 13). — Cfr. *ibid.,* 17 (1055-82), 7 (938), 14 (1023), 37 (1111). — La charte détermine souvent avec quelle monnaie le cens capital devait être payé (cfr. *ibid.,* 316, 330 et 331). — Pour ce qui est

mortemain de douze deniers (1) et neuf deniers comme droit de mariage (2).

Le cens capital est payé le plus souvent, au sacristain du monastère; parfois celui-ci délègue un messager (3). En 1255, les cens capitaux de deux deniers sont perçus au-delà de la Gette par Henri de Webbecom, en-deçà par le sacristain du monastère (4).

Le " cerocensualis „ est placé sous la protection de l'abbaye (5); il n'est pas tenu d'assister aux plaids de

de l'âge auquel le " cerocensualis „ était soumis au cens, une charte de 1240. (Ibid., 201), déclare qu'hommes et femmes y seront astreints une fois leur majorité atteinte : " ut ipse deinceps earum tam filii quam filie omnesque ipsarum successores, cum ad annos discretionis pervenerint... unum denarium... solvere teneantur. „

(1) Exceptionellement : " quicquid optimum inventum fuisset, post obitum eorum... monasterio daretur (Ibid. 13, 1006-17-23); et dans le renouvellement d'une charte en 1270 (Ibid. 343), " dum vero moriuntur tenentur melius pecus tam vir quam mulier (solvere). Si autem non habent pecus, tenentur melius vestimentum vel clenodium quod habent in domo. „ Ces droits de " mortua manus, „ " corimedis. „ (Ibid., 95), " afflief. „ (Ibid.. 16) comme les appellent les textes, se payaient au sacristain du monastère.

Une charte de 1072-75 (Ibid. I, 34) accorde 30 jours à l'héritier pour acquitter le droit; la même charte déclare que si le défunt est trop pauvre pour acquitter le cens, ses proches parents ont à payer pour lui.

(2) Cartulaire de Saint-Trond, I, passim. Si le mariage se fait avec une personne de la familia de Saint-Trond, il arrive que le " censualis „ n'ait rien à payer, (Ibid., I, 110) " pro licentia nichil dat nisi in alieno nubat. „

Dans le cas de mariage hors de la familia, le plus souvent, il faut obtenir l'autorisation de l'abbé : " Qui alienas (uxores) ducere voluerint, ab abbate licentiam optineant „ Ibid. 16 (1055). — Parfois l'autorisation s'obtient moyennant 9 deniers Ibid. 96 (1160).

La charte de 1113-1168 (Ibid. I,) offre cette particularité que l'autorisation est obtenue au prix de 6 deniers qu'il s'agisse d'un mariage à l'intérieur ou hors du domaine. Il faut distinguer également en cas de mariage si les futurs époux ont oui ou non la même condition juridique. Ibid. 28 (1095) " pro maritandi licentia, si in paribus fit conjunctio nichil detur. Et si in imparibus, licentia ab abbate, pro velle ejus, requiratur. „

(3) Ibid., 316. 1 messager pour Brusthem et Duras (1265).

(4) Ibid., 346 (1275).

(5) Ibid., 18 (1059) : " Mundeburdem et defensionem ab eadem ecclesia haberent. „

l'avoué ni de contribuer au payement du " servitium „ qui
servait à le défrayer (1); il n'avait à répondre en justice que
devant l'abbé ou le sacristain du monastère (2); ce n'est
que dans des cas tout à fait spéciaux qu'il peut-être appelé
devant l'avoué, par exemple en cas d'acquisition d'alleuds
ou de biens hypothéqués (3). Les " cerocensuales „ jouis-
sent d'un droit spécial comme le dit expressément, une
charte de 1240 : " ut autem eo jure gaudeant quo ceteri
beati Trudonis homines qui pro censu capitis unum solvent denarium „ (4).

L'histoire de la formation de cette classe particulière
de dépendants rend compte de la grande diversité que nous
avons trouvée dans l'importance de leurs obligations.

Elle comprend ceux qui sont passés dans la servitude
de Saint-Trond (5) ou ceux qui ont été voués par leurs
seigneurs, au " patron „ ou à l'autel (6).

Parlons d'abord des transmissions faites par les seigneurs. Par piété (7), pour récompenser des serfs qui
avaient fidèlement servi (8), des seigneurs les donnaient à

---

(1) *Cartulaire de Saint-Trond*, I, 17 (1055-82) " ab omni placito et
servitio et exactione libere sedeant. „

(2) *Ibid.*, 16 (1055). " Nulli advocato nulli hominum nisi soli abbati
judicio parium suorum respondeant. — *Ibid.*, 17 (1055-82). " Judicem
nullum nisi custodem vel abbatem habent. „

(3) *Ibid.*, 82 (1151), " excepto si vadia susceperint, sive allodia
acquisierint. „ C'est qu'en effet, l'avoué avait à intervenir dans tous les
actes relatifs aux domaines de l'abbaye (échanges, ventes, hypothèques)
voir plus loin la notice sur les avoués, p. 114 et suiv..

(4) *Ibid.*, 201.

(5) *Ibid.*, 8 (956), " se sub jugo servitutis Deo et sancto Trudoni se
tradidit famulandum. „

(6) *Ibid.*, 13 (1106-17-23), " tradere ad altare. „ 7 (938), 14 (1023),
18 (1059), 102 (1061), 139 (1180-93), 141 (1181), 155 (1193-1222), 158 (1200),
167 (1212), 175 (1217), 37 (1111), 82 (1151).

(7) *Ibid.*, I, 139 (1180-93); spe eterne retributionis, 18 (1059), 117
(1212).

(8) *Ibid.*, 14 (1023). La comtesse du Duras " manumisit... hos qui
de servis suis et ancillis pre ceteris predicto filio suo familiarius servire
solebant. „ L'abbaye accordait parfois a un " censualis „ la faveur d'en-

l'autel. Ces donations étaient considérées comme des affranchissements (1). Certes, l'affranchissement tel qu'on le comprenait à l'époque romaine n'existait plus; l'Eglise avait réclamé et obtenu le patronage des affranchis; ceux-ci entraient donc dans des rapports de dépendance personnelle, avantage pour eux d'ailleurs à n'en pas douter, s'il est vrai qu'à cette époque d'anarchie, l'homme puissant seul pouvait jouir des bienfaits de la liberté.

Je passe aux personnes de condition libre qui se donnaient comme serfs (2) : " Nous jouirons de la protection de l'abbaye, nous serons soustraits au pouvoir des avoués, nous n'aurons pas à assister à leurs plaids, et en justice, nous n'aurons à répondre que devant l'abbé ou le sacristain du monastère „ (3).

---

trer dans la classe des " cerocensuales „ *Ibid.*, I, 201 (1240), " universitati vestre notum esse volumus, quod nos W... relicte A... dicti M... et sorori ejus F... qui nobis censum capitalem ad jus officii scultetici pertinentem hactenus persolvebant... indulsimus in hunc modum... ut ipse... singulis annis... in die beati Trudonis pro censu capitis sui, unum tantum denarium in calice nobis persolvere teneantur. „

(1) *Cartulaire de Saint-Trond*, 14 (1023); manumisit, 37 (1111); liberare in servitutem, 13 (1006-17-23); " illam ex jure debite servitutis solventes, 24 (1072-75); ingenuitatis pactum, 27 (1088); signum G... que hanc cartulam ingenuitatis scribere rogavit. „ " Et preter supradicta (payement des cens) omnino quasi ingenua et libera permaneret. „

(2) Un homme. *Ibid.*, 40 (1124); des femmes, 24 (1072), 33 (1108), 8 (956), 16 (1055), 20 (1060), 17 (1055-82), 36 (1108-38), 41 (1129), 88 (1156-60), 91 (1158), 96 (1160), 113 (1168), 151 (1191).

(3) On trouvera dans K. Bücher : " *Die Entstehung der Volkswirtschaft*, 2e édit. p. 74 et suiv., un excellent exposé des rapports existant entre seigneurs et serfs. Je résume : " Dans la constitution de la cour domaniale fermée, le petit tenancier dépend à la vérité de la villa, mais il conserve une certaine indépendance personnelle et économique, car le seigneur limitait l'emploi des travailleurs non libres à ce qui était strictement nécessaire à son économie. Dans l'ancienne Rome, le petit paysan avait disparu parce qu'il ne pouvait supporter les charges publiques; au moyen-âge le paysan échappe à la ruine en mettant sa propriété dans la dépendance d'un grand seigneur. Celui-ci en retour tenait le bétail de reproduction, établissait pour l'usage commun des bacs de passeur, des moulins, des fours, accordait à tous sa protection

108

D'une part, l'insécurité, d'autre part l'arbitraire des des avoués, voilà donc les deux causes principales : la première se comprend aisément; il suffit de se rappeler l'histoire politique de nos provinces au moyen-âge, les invasions des Normands, les luttes des grands seigneurs lotharingiens entre eux et avec l'Empire, la guerre des Investitures, pour se rendre compte de l'immense besoin de protection qui se faisait alors sentir. La tyrannie des avoués, est un fait également bien connu : les droits d'avouerie avaient passé aux mains de puissants seigneurs qui ne voyaient dans leurs charges qu'un moyen de se créer des revenus; les libres devaient assister aux plaids et l'avoué se faisait accorder des prestations de toute espèce. J'y reviendrai dans le chapitre suivant.

C'était donc le besoin de protection qui poussait les libres à entrer dans des liens de dépendance personnelle, et dès lors on comprend facilement que ce soient surtout des femmes qui aliénent leur liberté. La question féminine en effet, se posait alors plus brûlante que de nos jours; par suite des guerres continuelles, le nombre des hommes vis-à-vis de celui des femmes était plus réduit qu'à notre époque et une femme seule ne pouvait rester sans protection dans ces temps de violences et de passions brutales (1). Des femmes nobles même demandaient à devenir serves de Saint-Trond (2).

Les motifs religieux qui, je l'ai montré ailleurs, provoquèrent tant de donations, ici non plus ne furent pas sans influence (3).

Parfois aussi, des femmes libres se vouaient pour pouvoir épouser un serf de l'abbaye (4).

contre les actes de violence et les violations du droit et, comme c'était son devoir d'ailleurs, aidait de ses provisions les paysans qu'une mauvaise récolte ou un autre calamité avait jetés dans la misère.

(1) Bücher, die Frauenfrage im Mittelalter.
(2) Cartulaire de Saint-Trond, I, 83 (1152). Une " illustris femina. „
(3) Ibid., 16 (1055), 20 (1060). 41 (1129), " pro redemptione peccatorum suorum et salute anime sue. „
(4) Ibid., 33 (1108), 96 (1160).

Enfin des serfs se rachetaient eux ou leurs enfants et
se donnaient à Saint-Trond, soit pour améliorer leur sort (1)
soit pour pouvoir contracter mariage avec un serf de
l'abbaye (2), parfois même pour obtenir des terres (3).

Telle était donc la situation des " cerocensuales „ pendant toute la période qui nous occupe. Jusqu'à la fin du
XIIIe siècle ils formaient, une classe privilégiée; c'est ce
que prouvent les nombreuses chartes du XIIIe siècle qui
confirment aux descendants les chartes accordées à leurs
ancêtres (4).

Je ne doute pas qu'il ne faille ranger au nombre des
chartes de renouvellement celles qui déclarent que telle ou
telle personne appartient à l'abbaye (5). Alors, la dernière
charte de tradition d'un libre serait de 1191 (6) et non de
1270 comme le pense M. Piot (7). Les libres du haut moyen-
âge ou bien s'étaient élevés au rang de grands propriétaires, ou bien étaient engagés dans des rapports de
dépendance; les quelques libres de condition inférieure qui
pouvaient encore rester dans les campagnes préféraient
entrer dans la bourgeoisie des villes déjà prospères.

---

(1) *Cartulaire de Saint-Trond*, 13 (1106-17-23).

(2) *Ibid.*, I, 27 (1088). Un serf rachète sa fille à des nobles qui la
transmettront à l'abbaye : " cum esset nuptura cuidam G... qui esset
de familia Sancti. „

(3) *Ibid.*, 28 (1095). R... se voue lui, sa femme et ses enfants; il
obtient de l'abbaye 6 $^1/_2$ bonniers de terre domaniale et $^1/_2$ bonnier de
prairie.

(4) *Ibid.*, 89 (1150-80) 110 (1165), 113 (1168), 160 (1208), 165 (1210)
166 (1211), 168 (1212), 173 (1216), 175 (1217), 177 (1222), 188 (1228), 205
(1241), 307 (1262), 342 (1270).

(5) *Ibid.*, 162 (1209), 164 (1210), 170 (1213), 174 (1217), 187 (1227),
231 (1247).

(6) *Ibid.*, 151.

(7) *Ibid.*, t. II, introduction, p. XXVIII.

CHAPITRE V.

LES AVOUÉS DE SAINT-TROND.[1]

Nos renseignements sur le rôle des avoués à Saint-Trond ne remontent pas au delà de la seconde moitié du XIᵉ siècle. Certes, des chartes du Xᵉ et de la première moitié du XIᵉ siècle mentionnent les avoués Rotfried, Werinerus et Drogo (2); en 1023, est attestée l'existence de Gislebert de Duras, avoué de Saint-Trond (3), mais cette sèche énumération est tout ce que nous en savons.

Les grands avoués. — Le premier avoué général de l'abbaye qui nous soit connu est Frédéric, duc de Lothier; il nous apparaît en 1055 (4). Une charte de 1065 nous donne des détails fort précieux sur ses droits et ses obligations (5).

Je fais remarquer toutefois que Saint-Trond doit avoir eu de grands avoués bien avant 1065, car le record dressé cette année ne fait que confirmer un état de fait; il avait pour but de mettre fin aux dissentiments qui existaient entre le grand avoué et l'abbé. Il est certain que les avoués

---

(1) Cfr. Daris, *Notices* tome XII, 110 et sqq. — Piot. *Cartulaire de Saint-Trond,* tome II, introduction. En 775, l'immunité avait été concédée aux possessions de l'église de Metz dont Saint-Trond faisait partie.

(2) *Cartulaire de Saint-Trond,* I, 6 (927-964), 11-12 (959), 14 (1006-17), 15 (1023).

(3) *Ibid.,* I, 15.

(4) *Ibid.,* I, 16.

(5) *Ibid.,* I, 22.

voulaient abusivement étendre leurs prérogatives; la fixation de leurs droits et de leurs obligations était le seul
moyen qui s'offrait à l'abbaye de leur résister.

L'avoué tient les trois grands plaids dans les villas de
l'abbaye : il a le grand ban, ou droit de haute justice; en
cas de meurtre ou de blessure, il touche le troisième
denier, les deux autres revenant à l'évêque ou à l'abbé.
Mais en ce qui concerne la juridiction privée, c'est-à-dire
dans toutes les questions de droit relatives aux terres
et aux maisons des tenanciers ou à leur mariage avec des
femmes d'un autre domaine, il n'intervient qu'à la demande
de l'abbaye et seulement pour faire exécuter les jugements
rendus par la cour domaniale. Il faut ajouter que son
pouvoir ne s'étend pas sur les villas de Borloo, Laer, Meer,
Wilderen, Kerkom, Stayen, Halmael, qui ont seulement à
répondre au prévôt ou au cellerier du monastère.

La charte de 1065 ne détermine naturellement pas
l'ensemble des droits et des obligations des grands avoués.
Les données éparses dans les sources montrent qu'ils doivent protéger les biens l'abbaye contre les usurpations (1)
et qu'ils ont le droit d'intervenir dans toutes les transac-
tions relatives au domaine. Pour les donations, les achats,
les échanges, les ventes, ils sont les représentants de
l'abbaye, les intermédiaires obligés (2).

Les fonctions d'avoué sont naturellement rétribuées :
la tenue des plaids entraîne des dépenses, l'avoué est

---

(1) *Cartulaire de Saint-Trond*, I, 123 (1176). Le grand avoué Henri
de Limbourg se reconnaît le devoir de prévenir les usurpations des
sous-avoués et des avoués de villa.

(2) *Ibid.*, I, 12 (959). — *Gesta abbatum Trudonensium*, I, 97, " non
sui unius consilio sed majorum suorum Mettensis ecclesiae et advoca-
torum nostrorum. „ En 1264, l'avoué de Saint-Trond à Briedel, Wiricus
de N... s'oppose à la prise en possession par l'abbaye d'Himmerode
des biens que Saint-Trond lui a vendus à Briedel, parce qu'en sa
qualité d'avoué sa présence lors de la vente était de droit (Lamprecht,
op. cit. Pièces justificatives, III, 40). — Cfr. *Livre de Guillaume*, 214, où
l'on voit même l'avoué de Seny imposer à l'abbaye la nomination du
" villicus „ de cette villa.

défrayé par le " servitium „ et la collation d'un bénéfice.
Le " servitium „ consiste dans la fourniture de tout ce qui
est indispensable à son entretien et à celui de sa suite, lors
de la tenue d'un plaid. Nous ne connaissons pas celui
auquel les grands avoués ont droit dans ce cas, mais nous
avons des renseignements sur celui de l'avoué de Helchteren. J'en parlerai plus loin. Quant aux bénéfices, au commencement du XIIᵉ siècle (1108-36), les ducs de Limbourg,
grands avoués de l'abbaye, détiennent 1100 manses dont
ils concèdent 300 aux sous-avoués les comtes de Duras (1).

Les droits d'avouerie, tels qu'ils nous sont connus par
la charte de 1065 appartiennent au duc Frédéric de Lothier
qui les a reçus en bénéfice de son frère Adelbéron évêque
de Metz. Ce bénéfice était héréditaire; à la mort de Frédéric, il échut à Udo de Limbourg; plus tard il passa de
la famille des ducs de Limbourg à celle des ducs de Brabant et se confondit si bien avec le patrimoine de ces
derniers que les femmes purent en hériter : en 1266, l'avoué
suprême de Saint-Trond était Adelaïde duchesse de Lothier
et de Brabant (2). C'était d'ailleurs une femme qui avait
porté l'avouerie de la famille de Limbourg dans celle de
Brabant (3).

Les sous-avoués. — La présence aux plaids de ces
grands avoués si éloignés de Saint-Trond étant presque
impossible, la charte de 1065 permet au grand avoué de
se faire remplacer par son sous-avoué Otton. Le personnage en question est Otton de Duras, comme l'indique
une charte de 1060 (4). La sous-avouerie appartint d'abord
à la famille de Duras, puis plus tard passa dans la famille
des comtes de Looz. Le pouvoir des sous-avoués s'étendait
sur une circonscription de territoire limitée; en 1263, les

---

(1) *Gesta abbatum Trudonensium*, I, 265.
(2) *Cartulaire de Saint-Trond*, I, 333.
(3) *Ibid.*, II, introduction, p. XIV.
(4) *Cartulaire de Saint-Trond*, I, 21.

comtes de Looz étaient avoués à Borloo, Engelmanshoven, Oostham, Haelen, Linkout (1).

Avoueries de villas. — Nous rencontrons aussi à Saint-Trond des avoués de villas particulières : Florent, comte de Hollande, avoué à Aalburg (1108), un avoué à Hemert (1144), Arnould de Velpen avoué de Webbecom et de Haelen (1160), Chrétien avoué de Saint-Trond vers 1250 ; des avoués à Helchteren (1260), à Oirsbeck (1343), à Asbroek (1245), à Sichem (1286), à Pommeren (1264), à Villers le Peuplier (1247), à Seny, à Oreye et à Spalbeke vers 1250, enfin à Schaffen vers 1260 (2). Il est quelques-unes de ces avoueries pour lesquelles nous disposons de textes fort importants :

1" L'avouerie de Webbecom. — L'avoué de Webbecom tient un plaid trois fois par an comme le prouvent les trois services qui servent alors à le défrayer (3). Un record de 1166 donne à connaître l'importance de ce " servitium „ : " quod ei servitium cum 4 militibus ut ipse quintus esset et quinque famulis, duobus villicis et 4 scabinis deberetur „ (4). Mais il donnait lieu à des abus et fut racheté par l'abbaye entre les années 1160 et 1164 : l'avoué eut droit à 5 sous par an, fut libéré d'un paiement annuel de 15 sous qu'il faisait à la cour de Haelen et son bénéfice s'accrut de 3 bonniers de terre près de cette villa. Il avait donc un bénéfice et nous savons que ses exactions faillirent le lui faire perdre : il usurpait les droits de meilleur catel, les droits de mariage de ceux qui épousaient des femmes non dépendantes de l'abbaye et imposait aux masuirs des tailles et des droits de gîte (5).

---

(1) *Gesta abbatum Trudonensium*, II, 208.

(2) *Cartulaire de Saint-Trond*, I, 34, 64, 96, 111, 203, 300, 362, 214, 216. Lamprecht, op. cit. III, Pièces justificatives, 40. — *Livre de Guillaume*, 225, 214, 250, 234, 208.

(3) *Ibid*, I, 111 (1166).

(4) *Ibid.*, 111 (1166).

(5) *Ibid.*, 95, " destitit de corimedis, de licentia eorum qui extraneas duxerint uxores et de precariis et pernoctationibus quas in allodio de

8

114

    2° L'avouerie de Helchteren. — Les avoués de cette villa étaient en 12)1 (1) les comtes de Looz et Guillaume de Buycth. La haute juridiction semble n'avoir appartenu qu'à l'abbé, l'avoué n'ayant qu'un pouvoir exécutif : " omnis juridictio ibidem ipsius abbatis est, scilicet de certamine, de vulneribus, de furibus, sive latronibus ac eciam de aliis universis. „ *a)* L'avoué touche un tiers des amendes qui s'élèvent généralement à 4 sous de Louvain; *b)* lors de l'accensement d'une terre nouvelle, il perçoit le tiers du " voorhure „ c'est à dire de la somme payée d'avance lors de la passation de l'acte de bail ou de cens; *c)* l'abbaye possédait une forêt dans la villa; l'avoué avait droit au tiers des essaims qui se trouvaient pendre aux branches des arbres et à l'époque de la glandée, il pouvait envoyer dans forêt 30 porcs et un verrat.

    En 1281, Eustache de Hamal, fils de Guillaume de Buycth vendit à l'abbaye ses droits d'avoué et son bénéfice (2) le tout pour 200 marcs; mais comme il était vassal du comte de Looz, il fallait pour la vente le consentement de ce dernier et l'abbaye l'obtint moyennant 100 marcs (3). Dès lors Saint-Trond tint l'avouerie en fief du comte de Looz jusqu'à ce que en 1282, quelques mois plus tard, elle racheta pour 200 livres de Louvain l'hommage et les autres droits qui pouvaient rester au comte (4).

    3° L'avouerie d'Aalburg. — En 1108, Florent II de

Hales specialiter faciebat. „ — N. B. La " precaria „ était au Xᵉ siècle une tenure particulière (Cfr. supra, p. 11). Ce genre de concession disparut de bonne heure : la preuve en est que le terme devint incompréhensible. "Precaria „ apparaît au commencement du XIIᵉ siècle avec le sens de taille, " bede. „ Dans le pays de la Moselle, le mot pris dans cette acception ne se trouve qu'à la fin du XIIᵉ siècle, Lamprecht, op. cit. I², p. 898, n. 2.

  (1) *Cartulaire de Saint-Trond*, I, 301, 302.
  (2) *Ibid.*, I, 354.
  (3) *Ibid.*, I, 356 (1282).
  (4) *Ibid.*, I, 363 (1282), " dictum homagium advocatie predicte cum ceteris juribus ad dictam advocatiam pertinentibus de alto et basso. „

Hollande est avoué de l'église d'Aalburg (1), église qui appartient à Saint-Trond. M. Piot est d'avis que Florent ne dépend pas pour son avouerie de l'abbaye de Saint-Trond; il s'appuie d'abord sur le texte même de la charte en question : " ego B.... Trajectensium episcopus ecclesiam de Alburg, que est sancti Trudonis, in qua michi aliquid episcopalis juris esse videbatur ..... advocato suo Florentio comiti de Hollant et abbati ejusdem loci sancti Trudonis Rodulfo.... restitui..... „

Pour M. Piot " advocato suo „ signifierait non pas avoué de Saint-Trond, mais avoué de la dite église d'Aalburg; toutefois un passage de la chronique désigne clairement le même Florent comme avoué de l'abbaye : " ad quam liberandam (l'église d'Aalburg) profectus sum (dit Rodolphe) Ulterius Trajectum et per auxilium Dei et advocati nostri comitis de Hollant Florentii....., (2). Ensuite M. Piot rappelle une charte de 1250 où Guillaume comte de Hollande " cède à titre de fief à l'abbé de Saint-Trond cette avouerie lui appartenant de plein droit, dit-il, à titre de comte de Hollande... Serait il possible de comprendre cette cession si l'on veut faire considérer les comtes de Hollande comme avoués du monastère de Saint-Trond à Aalburg? „ L'explication est facile : le comte détenait l'avouerie en fief de l'abbaye; à la longue, il en était arrivé à la considérer comme lui appartenant de plein droit. Il faut considérer que nous sommes à l'époque où se forment les principautés territoriales; les comtes se rendirent maîtres des avoueries situées dans leur comté et y trouvèrent un des éléments constitutifs de leur pouvoir territorial. Ainsi s'explique qu'avec le temps les comtes de Hollande ont pu regarder leurs droits d'avouerie comme dérivés de leur seigneurie territoriale.

J'ai distingué jusqu'à présent deux sortes d'avoués : les uns, préposés à toute l'immunité ou à une grande partie

_____

(1) *Cartulaire de Saint-Trond*, I, 34.
(2) *Gesta abbatum Trudonensium*, I, 144.

du domaine, ce sont les grands avoués et leurs lieutenants, les sous-avoués, les autres n'exerçant de pouvoir que sur une ou plusieurs villas, parfois même sur un simple alleud. Quelle est l'origine de ces avoués spéciaux ? De même que les grands avoués ont nommé des sous-avoués pour un ensemble de villas du domaine, les sous-avoués ont pu en établir dans une villa particulière ; c'est du moins ce qu'il faut conclure d'une charte de 1176 (1) où Henri II de Limbourg, déclare qu'il s'opposera aux déprédations du comte de Duras et des autres avoués établis par le comte " si comes vel aliquis ab eo constitutus advocatus in predictis curtibus vel in allodio ecclesie contra voluntatem abbatis ubicumque precarias vel exactiones facere voluerit. „ Mais il ne semble pas que tous les avoués de villas doivent leur existence aux grands avoués ou aux sous-avoués. Les avoués de Webbecom, d'Helchteren, d'Aalburg sont tout à fait indépendants. Et alors, leur existence s'expliquerait de double façon : 1º ou bien à l'origine, l'abbaye aura choisi comme avoué d'une villa particulière un petit seigneur qui était à même de la protéger ; c'est ce qu'on appelle, l'avouerie de villa et M. Lamprecht a montré que dans le pays de la Moselle, elle est primitive et apparaît avant l'avouerie d'immunité (2) ; 2º ou bien l'abbaye acquérant des biens là où existait un avoué de marche, cet avoué continuait à exercer ses droits sur la nouvelle possession de l'abbaye (3). Parfois aussi, des seigneurs faisant une donation de biens-fonds au monastère, se réservaient les droits d'avouerie : c'est le cas pour les avoués d'Eemer (4);

---

(1) *Cartulaire de Saint-Trond*, I, 128.

(2) LAMPRECHT, op. cit. I², 1088 et sqq.

(3) Les avoués d'une marche prétendaient avoir le droit de nommer l'avoué d'une cour censive située dans le territoire de leur marche. Cfr. *Cartulaire de Saint-Trond*, I, 86 (1154), 120 (1171), les comtes de Salm s'attribuaient ce droit pour Briedel " patronum qui vulgo dincvogt dicitur. „

(4) *Cartulaire de Saint-Trond*, I, 64 (1144), " jus advocatie sibi suisque heredibus.

ç'a été le cas quelque temps pour l'avouerie d'un bien à
Aalem concédé à Saint-Trond par les comtes de Duras (1).

Quelle que soit l'origine des avoués particuliers, ils
entrent au XIIIᵉ siècle dans des rapports de vassalité à
l'égard des grands avoués et de leurs sous-avoués. En 1247,
les comtes de Looz sont suzerains de l'avouerie de Villers-
le-Peuplier (2); en 1281, les avoués de Helchteren sont
devenus leurs vassaux (3). Il arrive même que le grand
avoué supplante les avoués inférieurs : en 1247, le duc
Henri de Brabant confisque les droits d'avouerie que le
comte de Looz et son vassal possédaient à Villers-le-
Peuplier (4).

Les grands avoués et les avoués de villas ont, nous
l'avons vu, des droits et des obligations sensiblement les
mêmes : protection de l'abbaye, et tenue du plaid; comme
rétribution le tiers des amendes et la possession d'un
bénéfice. Ajoutez-y des droits de gîte (5), le droit à des
journées de travail par les masuirs (6) et le payement de
la dîme qui, au XIIIᵉ siècle, pouvait s'élever à 4 deniers et
une obole liégeoise par bonnier (7).

Les avoués, comme tous les fonctionnaires de l'abbaye,
abusèrent de leur pouvoir. L'avoué Frédéric de Lothier s'il
protégea les villas de Saint Trond contre les exactions des
seigneurs voisins (8), semble pourtant avoir outre-passé
ses droits; le record de 1065 (9) visait à mettre fin à
ses dissentements avec l'abbé de Saint-Trond relativement

---

(1) *Cartulaire de Saint-Trond*, I, 68 (1146).

(2) *Livre de Guillaume*, I, 225.

(3) *Cartulaire de Saint-Trond*, I, 354.

(4) *Livre de Guillaume*, 225.

(5) *Gesta abbatum Trudonensium*, I, 276.

(6) *Cartulaire de Saint-Trond*, I, 387 (1290). — *Livre de Guillaume*,
214. " Ipse (advocatus de Seny) compellit homines nostros ad diversa
servitia et ad diversas angarias. „

(7) *Livre de Guillaume*, 50 (1252). " Apud Orle, quodlibet bonuarium solvit 4 den. et obolum leod : pro tallia sive beda et villicus noster
recipit .... et solvit E... advocato 6 mr. integras. „

(8) *Gesta abbatum Trudonensium*, I, 17.

(9) Cfr. supra, p. 110.

à la grande avouerie. Nous savons de l'abbé Luipo (1090) qu'il résista courageusement aux usurpations des avoués (1). En 1108, Gislebert de Duras s'opposa de toutes ses forces à l'élection de Rodolphe, élection parfaitement régulière (2). Durant les trente années que Rodolphe fut abbé, Gislebert et son fils Otton furent des fléaux pour l'abbaye (3); ce même Otton voulut casser en 1138 l'élection du nouvel abbé Folcard (4). Les sources nous montrent les grands avoués et les avoués particuliers imposant aux masuirs des droits de gîte (5), les forçant à payer des tailles et à fournir des corvées, " angarias „ (6) les obligeant même à prester le service militaire (7); on les voit s'attribuer la surveillance des forêts de l'abbaye (8) une part dans la vente des arbres (9), usurper les terres et la juridiction du monastère (10), refuser de

---

(1) *Gesta abbatum Trudonensium*, I, 62.

(2) *Ibid.*, I, 117.

(3) *Ibid.*, I, 146, 269 et sqq.

(4) *Ibid.*, II, 10.

(5) *Ibid.*, I, 276.

(6) *Livre de Guillaume*, 209 (1261). " W... de Bucht accepit unam mr. pro beda sive tallia apud Halegtra, quod de jure facere non potuit nec etiam de consuetudine. „ — *Ibid.*, 214. L'avoué de Seny " compellit homines nostros .... ad diversas angarias, in quibus eis et nobis injuriatur. „ — *Cartulaire de Saint-Trond*, I, 385 (1289) et 387 (1290). L'avoué de Diest renonce aux " tallias et exactiones „ qu'il se faisait payer par les manants de Schaffen.

(7) *Livre de Guillaume*, 219 (1255). Le duc de Brabant " compulit illos de Villario ire in exercitum ante Sanctum Trudonem. „

(8) *Ibid.*, 216, 217. Le duc de Brabant s'attribue la surveillance des forêts que Saint-Trond possédait près de Diest, c'est à dire Halebranshovel, Libruck, Demerbruck, Wendelbruck, Sundereygen, Goreghem.

(9) *Ibid.*, 216.

(10) *Livre de Guillaume*, 218, 219, 225. Le duc de Brabant " non contentus .... advocatia et juribus advocatie .... aufert .... nobis ibidem (Villers le Peuplier) juridictionem majorem et etiam incepit auferre minorem. „ — *Gesta abbattum Trudonensium*, II, 208, Arnold de Looz, usurpe la juridiction de l'abbaye dans les villas où il ne possédait que des droits d'avouerie, le duc de Brabant fait de même pour les villas de Saint-Trond situées dans son duché. — *Livre de Guillaume*, 221. Le comte de Looz usurpe la juridiction de l'abbaye à Borloo, confisque des cens, s'attribue la surveillance de Herecghe.

faire hommage de leur fief (1), imposer à l'abbaye le choix de ses maires (2). L'abbaye résista ; elle recourut à ses supérieurs immédiats les évêques de Metz et de Liége et dans l'espèce, leur intervention fut plus d'une fois salutaire : Otton de Duras fut forcé par l'évêque de Liége de rendre Webbecom et les autres villas qu'il avait achetées à l'abbé intrus Heriman (3). Elle en appelait même à Rome ; dans les chartes où ils confirment les possessions de l'abbaye, les papes menacent de l'excommunication les avoués qui porteraient atteinte aux privilèges de Saint-Trond (4) ; en 1164, l'avoué Henri de Velpen, menacé des foudres de l'Eglise, renonça à des droits qu'il s'était injustement arrogés (5).

Des appels à l'Empereur se rencontrent également, mais celui-ci au XIIIᵉ siècle, n'exerçait plus qu'un pouvoir nominal en Lotharingie ; il était incapable de faire exécuter ses décisions. C'est ainsi que dans une charte de 1277, relative il est vrai à l'abbaye d'Orval (6), l'Empereur Rodolphe autorise le roi de France Philippe III à protéger cette abbaye, même dans l'Empire et contre les seigneurs de l'Empire.

Parfois aussi, harcelée par les petits avoués locaux, l'abbaye trouvait protection chez son grand avoué : en 1176, Henri III de Limbourg déclare qu'il réprimera de toutes ses forces les usurpations des sous-avoués les comtes de Duras et des avoués de villas (7). Ou bien elle opposait avoué à avoué, achetant leur protection ; elle promit 5 marcs d'argent à Gislebert de Duras, à condition qu'il la défendrait contre Henri de Limbourg (8).

(1) *Livre de Guillaume*, 214.
(2) *Ibid.*, 214. Pour Seny, cfr. supra, p. 111, note 2.
(3) *Gesta abbatum Trudonensium*, I, 55, 56.
(4) *Cartulaire de Saint-Trond*, I, 32 (1107), 145 (1183),
(5) *Ibid.*, I, 95.
(6) *Cartulaire d'Orval*, 490.
(7) *Cartulaire de Saint-Trond*, I, 130.
(8) *Gesta abbatum Trudonensium*, I, 87.

Toutes ces mesures étant insuffisantes, l'abbaye eut
recours à des moyens plus radicaux, suppression ou rachat
de la charge : Gislebert de Duras fut privé de son avouerie ;
il est vrai qu'il ne tarda à rentrer en sa possession et
cela est aisé à comprendre, les droits d'avouerie étant
alors tenus en fief et transmis héréditairement, ils étaient
considérés comme faisant partie intégrante des biens
patrimoniaux de l'avoué (1).

Le rachat était plus sûr : en 1166, l'abbaye rachète le
service dû à l'avoué de Webbecom, Arnould de Velpen (2);
en 1250, le comte Guillaume de Hollande concède à Saint-
Trond l'avouerie d'Aalburg à titre de fief héréditaire (3);
l'avouerie d'Helchteren est achetée en 1281 : 200 marcs
sont payés à l'avoué Guillaume de Buycht et 100 marcs à
son suzerain le comte de Looz pour prix de son consentement à la vente; peu après, l'hommage dû au comte de
Looz est racheté pour 200 marcs (4); rachat également de
droits sur la vente des bois à Herbrantshovel que les
avoués de Diest s'étaient injustement attribués. (5). Enfin
il arrive aussi que l'avoué renonce par piété à ses droits et
à ses revenus d'avouerie; en 1243, l'avoué Thierry cède à
Saint-Trond son avouerie d'Oirsbeek et les revenus de
cette villa, " tam in trecensu quam in censu capitali et
in omnibus aliis que spectare noscuntur ad alicujus juris-
dictionem „ (6).

Ainsi disparurent plusieurs avoueries locales; la grande
avouerie et la sous-avouerie continuèrent d'exister au
XIII° et au XIV° siècles, la première se conservant dans la
famille des ducs de Brabant, la seconde dans la famille des
comtes de Looz. Ces droits d'avouerie contribuèrent à la

(1) *Gesta abbatum Trudonensium*, I, 216.
(2) *Cartulaire de Saint-Trond*, I, 111.
(3) *Ibid.*, I, 251.
(4) *Ibid.*, I, 353, 354, 363.
(5) *Ibid.*, I, 390.
(6) *Cartulaire de Saint-Trond*, I, 214.

formation des principautés territoriales ; les ducs de Brabant
s'efforcèrent de rattacher les droits d'avouerie qu'ils possédaient sur les terres de leur duché à leurs autres droits de
seigneur territorial. On le voit par des chartes de 1263 et
1289 (1) ; les ducs de Brabant qui sont grands avoués,
protégeront les terres de l'abbaye situées dans leur duché et
il semble d'après le contexte, que ce soit à titre de duc
plus qu'a titre d'avoué. C'est également le développement
des pouvoirs territoriaux qui explique que les comtes de
Hollande se déclarent avoués d'Aalburg " ratione comi-
tatus Hollandie „ (2).

---

(1) *Cartulaire de Saint-Trond*, I, 208. Le duc de Brabant usurpe
la juridiction, dit l'abbé " in villis nostris sub judicio suo situatis. „
Ibid., I, 385, " Recepimus dictos religiosos et ... eorum bona in nostris
ducatibus et eorum advocatiis ubicunque locorum existentia sub nostra
protectione et defensione, nec permittemus eosdem super dictis bonis
suis ab aliquibus indebite molestari. „

(2) Cfr. supra, p. 119, 120.

LE PRIX DES CHOSES A SAINT-TROND

I. CHEVAUX ET BÉTAIL.

A) **Chevaux**.	*Gesta abbatum Tru-donensium*, I, 272 (1108-1136).	Parefridus.	30 sol.
	Livre de Guillaume 81 (1252).	Equus.	36 mr. col.
	Ibid, 102 (1252).	5 equi.	9 lib. lov.
	Ibid.. 15 (1253).	Equus.	5 lib. lov.
	" " "	"	9 liv. 10 sol. lov.
	Ibid. 20 (1253).	"	50 sol. lov.
	Ibid. 21 (1253).	"	50 sol. lov.
	" " "	"	6 lib. lov.
	" " "	"	8 lib. 10 sol. lov.
	" " "	"	45 sol. leod.
	" " "	"	3 lib. lov.
	" " "	Equus.	50 sol. lov.
	" " "	"	4 lib. lov.
	" " "	Equus parvus.	3 lib. lov.
	" " "	Equus.	6 lib. lov.
	" " "	"	4 lib. lov.
	Ibid. 23 (1253).	"	4 mr. leod.
	Ibid. 165 (1254).	Equus parvus	65 sol. lov.
	" " "	Equus ruffus	5 lib. lov.
	Ibid. 338 (1256).	Equus.	4 mr.
	" " "	4 equi	18 mr.

A) **Chevaux.** (suite).	*Livre de Guillaume* 35 (1257).	Caballum.	40 sol. lov.
	Ibid. 10 (1261).	Equus.	5 lib. lov.
	Ibid. 176 (1263).	Equus trotans ad equitandum.	5 lib. lov.
B) **Mulets.**	*Ibid.* 21 (1253).	" Mulus, „ reçu en place d'un " equus „	8 lib. 10 sol. lov.
C) **Taureaux et Vaches.**	*Ibid.* 15 (1253).	Juvenis vacca.	18 sol. lov.
	„ „ „	Vacca.	32 sol. lov.
	Ibid. 128 (1257).	1 stire.	65 sol. lov.
	„ „ „	Taurus.	17 sol. lov.
	Ibid. 175 (1263).	„	20 sol. lov.
D) **Porcs.**	*Ibid.* 18 (1253).	10 porci.	4 lib. lov.
E) **Moutons.**	*Ibid.* 117 (1254).	102 oves.	15 lib. lov.
	Ibid. 53 (1262).	40 oves.	4 mr. leod.
F) **Chèvres.**	*Ibid.* 53 (1262).	31 arietes.	6 mr. leod.

II. OBJETS DE CONSOMMATION.

A) **Vins.**	*Livre de Guillaume* 84 (1250).	50 amae, 40 $\frac{1}{2}$ geltae.	67 lib. 5 sol. lov.
	Ibid. 85 (1250).	45 amae, 80 geltae.	42 mr. 11 sol. leod.
	Ibid. 85 (1251).	1 vas (le vin est rare).	13 lib. lov.
	„ „ „	2 lagenae.	6 lib. 7 sol. lov.
	„ „ „	48 amae, 10 geltae.	80 lib. 6 vol. 8 den. lov.
	Ibid. 80 (1252).	14 vasa.	192 lib. lov.
	Ibid. 39 (1255).	1 lagena et 1 lagena parvula.	8 mr. 10 sol. leod.
	Ibid. 100 (1257).	1 gelta.	5 den. leod.
	Ibid. 104 (1257).	24 amae 38 geltae.	25 mr. 16 sol. leod.
	„ „ „	14 $\frac{1}{2}$ geltae.	6 sol. 1 obol. leod.

A) **Vins** *(suite)*	*Livre de Guillaume* 104 (1257).	3 amae.	3 mr. 30 den. leod.
	Ibid. 105 (1258).	11 amae, 6 geltae.	13 mr. 16 sol. leod (du 23 juin au 10 août).
	Ibid. 106 (1258).	31 amae, 22 geltae.	36 mr. 9 sol. leod. (10 août au 1 janvier).
	" " "	1 ama.	25 sol. leod.
	Ibid. 109 (1259).	29 amae, 23 geltae.	36 mr. 16 sol. 6 den. leod.
	Ibid. 110 (1259).	20 amae, 39 $^1/_2$ geltae.	26 mr. 3 den. leod. (du 6 juin au 15 janvier).
	Ibid. 112 (1260).	7 amae, 40 geltae.	8 mr. 30 den. leod. (1 mars au 23 juin).
	Ibid. 113 (1260).	41 amae, 8 geltae,	38 mr. 11 sol. 9 den. leod. 14 décembre).
	Ibid. 114 (1260).	47 amae.	44 mr. 15 den. leod.
	Ibid. 115 (1261).	84 amae, 45 $^1/_2$ geltae.	80 mr. 8 sol. 2 den. leod. (juin).
B) **Frumentum** (1).	*Ibid.* 220 (1252).	1 modius.	12 sol. lov.
	Ibid. 18 (1253).	38 modii.	25 lib. lov.
	Ibid. 223 (1256).	2 modii.	40 sol. 19 den. lov.
	Ibid. 116 (1259).	11 vasa.	13 sol. leod.
	Ibid. 47 (1259).	28 modii, 1 vas.	15 mr. 15 sol. 9 den. leod.
	Ibid. 47 (1261).	1 modius.	10 sol. leod.
C) **Seigle**.	*Ibid.* 15 (1253).	30 modii.	9 mr. leod.
	Ibid. 23 (1253).	140 modii.	42 mr. leod.
	Ibid. 26 (1253).	1 modius.	7 sol. leod.
	Ibid. 79 (1254).	1 modius.	6 sol. leod (février).
	Ibid. 136 (1254).	12 modii triturati.	4 mr. 10 sol. 9 den., 1 obol. leod. (26 octobre).
	" " "	16 modii triturandi.	6 mr. leod.
	" " "	23 vasa.	22 sol. 6 den. leod.
	Ibid. 137 (1254).	1 modius.	7 sol. 8 den. leod.

(1) Le sens de ce mot n'est pas fixé. Ducange pense qu'il s'agit d'un blé sans aucun mélange " triticum purum. "

C) **Seigle** (suite).	*Livre de Guillaume* 137 (1254).	4 modii 7 vasa triturandi.	40 sol. 17 den. leod.
	" " "	4 vasa.	4 sol. leod. (13 février 1255).
	" " "	5 modii, 1 vas.	41 sol. leod. (18 novembre).
	Ibid. 138 (1254).	¹/₂ modius.	46 den. leod.
	" " "	1 modius.	7 sol. 6 den. leod. (28 novemb.).
	Ibid. 139 (1254).	7 modii.	49 sol. leod (19 décembre).
	" " "	5 modii, 3 vasa.	37 sol. 9 den. leod (24 décembre).
	" " "	5 modii, 3 vasa.	38 sol. 6 den. leod (31 décembre).
	" " "	1 modius.	7 sol. 2 den. leod. (24 décembre).
	Ibid. 139 (1255).	5 modii, 5 vasa.	40 sol. 3 den. (5 janvier).
	" " "	6 ¹/₂ modii.	46 sol. 7 den. leod. (9 janvier).
	" " "	6 modii.	43 sol. leod. (13 janvier).
	Ibid. 141 (1255).	18 ¹/₂ modii.	8 mr. 3 sol. leod. (24 avril).
	Ibid. 142 (1255).	10 modii, 5 vasa.	4 mr. 8 sol. 6 den. 1 obol leod. (30 avril).
	" " "	2 vasa.	26 den. leod. (5 mai).
	" " "	4 modii, 2 vasa.	34 sol. 8 den. 1 ob. leod. (id.).
	" " "	4 modii, 2 vasa.	35 sol. 8 den. leod. (8 mai).
	" " "	8 ¹/₂ modii.	70 sol. 10 den. leod. (12 mai).
	" " "	5 modii.	42 sol. 6 den. leod. (16 mai).
	Ibid. 33 (1256).	4 modii, 6 vasa.	42 sol. 6 den. leod.
	Ibid. 77 (1256).	10 modii.	5 mr. 3 sol. leod. (post augustum).
	" " "	4 modii.	42 sol. leod. (idem).
	" " "	7 modii.	3 mr. 12 sol. leod. (idem).
	" " "	4 modii.	2 mr. leod. (29 septembre).
	" " "	17 modii, 6 vasa.	6 mr. leod. (17 octobre).
	" " "	4 ¹/₂ modii.	40 sol. leod. (idem).

C) **Seigle** *(suite).*	*Livre de Guillaume* 222 (1256).	16 modii.	12 lib. lov. (23 november).
	„ „ „	10 modii.	7 lib. lov. (idem).
	Ibid. 101 (1257).	40 modii.	20 lib. lov.
	Ibid. 116 (1259).	1 modius.	7 sol. leod. (1 septembre).
	„ „ „	7 modii, $^1/_2$ vas.	36 sol. leod. (26 septembre).
	Ibid. 47 (1259).	46 modii.	19 mr. 11 sol. leod. (juin).
	Ibid. 55 (1261).	1 modius.	12 sol. lov. (14 octobre).
	Ibid. 61 (1261).	1 modius.	7 sol. leod. (20 mai).
	Ibid. 42 (1261).	25 modii, 3 vasa.	11 lib. 6 sol. 3 den. lov. (5 août au 1 octobre).
	„ „ „	18 modii, 2 vasa.	7 lib. 12 sol. 7 den. lov. (1 octobre au 6 novembre).
	Ibid. 55 (1264).	1 modius.	12 sol. lov. (14 octobre).
	Ibid. 28 (1268).	$^1/_2$ modius.	4 sol. leod. (28 février).
	Ibid. 28 (1270).	$^1/_2$ modius.	4 sol. 6 den. leod. (30 juin).
	„ „ „	2 vasa.	5 sol. lov. (juin).
D) **Epeautre.**	*Ibid.* 139 (1255).	3 modii.	11 sol. 3 den. leod. (13 janv.).
	Ibid. 142 [1255].	4 modii.	18 sol. leod. (30 avril).
	Ibid. 77 (1256).	2 modii.	11 sol. leod. (29 septembre).
	Ibid. 101 (1257).	165 modii.	33 mr. leod.
	Ibid. 116 (1259).	6 $^1/_2$ vasa.	3 sol. leod. (septembre).
	Ibid. 61 (1261).	$^1/_2$ modius.	4 sol. leod.
E) **Avoine**	*Ibid.* 102 1252).	17 modii.	4 lib. 5 sol. lov.
	Ibid. 142 (1255).	4 modii.	14 sol. leod.
	Ibid. 168 (1257).	224 modii.	45 lib. lov.
	Ibid. 174 (1260).	8 maldra.	8 sol. lov.
	Ibid. 176 (1263).	8 modii.	28 sol. hol.
	„ „ „	11 modii.	2 lib. lov.
F) **Orge.**	*Ibid.* 13 (1253).	40 modii.	6 mr. leod.
	Ibid. 79 (1254).	2 modii.	7 sol. leod.

F) **Orge** *(suite)*	*Livre de Guillaume* 117 (1259).	4 ¹/₂ modii.	4 sol. leod.
	Ibid. 47 (1259).	4 modii.	1 mr. leod.
	Ibid. 153 (1260).	9 modii.	4 ¹/₂ modii siliginis.
G) **Divers.**	*Ibid.* 168 (1257).	3 modii amere.	valet plus quam ordeum.
	Ibid. 264 (1256).	6 modii brasii.	60 sol. lov.
	Ibid. 47 (1259).	46 modii brasii.	25 lib. 12 sol. lov.
	Ibid. 48 (1259).	19 ¹/₂ modii brasii.	10 lib. 5 sol. lov.
	Ibid. 83 (1259).	libra piperis.	10 den. col.
	Cartulare de Saint-Trond, I, 226 (1247)	21 salmones.	4 mr. col.

III. HABILLEMENT.

Livre de Guillaume, 88 (1250).	2 pelles ad capucia.	3 sol. leod.
Ibid. 12 (1253).	2 lecti.	16 sol. leod.
„ „ „	1 lectus.	13 sol. lov.
Ibid. 15 (1253).	2 pellicia.	10 sol. lov.
Ibid. 16 (1253).	Calcei.	7 sol. leod.
Ibid. 17 (1253).	„	5 sol. lov.
Ibid. 19 (1253).	Coturni.	5 sol. 6 den. lov.
Ibid. 22 (1253).	2 ulni panni blavi.	42 sol. leod.
Ibid. 24 (1253).	21 „ „ „	42 sol. leod.
„ „ „	22 „ „ virgulati.	33 sol. leod.
„ „ „	24 „ „ „	48 sol. leod.
„ „ „	9 „ „ „	18 sol. leod.
„ „ „	7 ulni de griseo pro equis.	7 sol. lov.
Ibid. 25 (1253).	10 ulni panni blavi.	30 sol. leod.
„ „ „	9 ¹/₂ ulni de panno viridi.	33 sol. 3 den. leod.

128

Livre de Guillaume, 25 (1253).	2 tunicae pro garsionibus.	7 sol. leod.
Ibid. 12 (1253).	2 panni pro famulis.	6 lib. lov.
„ „ „	1 pannus.	60 sol. lov.
Ibid. 13 (1253).	1 pannus pro garsionibus.	27 sol. leod.
„ „ „	1 pannus pro famulis.	63 sol. lov.
Ibid. 25 (1253).	2 panni nigri.	11 lib. 5 sol. lov.
Ibid. 27 (1254).	5 ulni de sayo.	7 sol. 6 den. lov.
Ibid. 36 (1253).	2 panni nigri ad vestes pro abbate.	11 lib. 6 sol. lov.
„ „ „	1 pellicium.	10 sol. leod.
„ „ „	4 cuculli.	1 mr. leod.
„ „ „	1 froccum.	10 sol. lov.
Ibid. 37 (1255).	1 mantica parva et 1 magna.	20 sol. leod.
„ „ „	2 stramenta.	5 sol. leod.
„ „ „	2 cuculli.	13 sol. leod.
Ibid. 38 (1255).	Pro panno lineo ad cooperiendun currum.	19 sol. lov.

IV. BOIS.

Livre de Guillaume, 181 (1252).	4 pandi lignorum.	3 mr. leod.
Ibid. 22 (1253).	Pro uno poste.	5 sol. leod.
„ „ „	Pro 2 postibus.	9 sol. leod.
„ „ „	Pro uno ligno (overbonb).	9 sol. leod.
Ibid. 38 (1255).	4 trudini lignorum.	2 mr. leod.
„ „ „	3 carratae de lignis de radicibus.	9 sol. leod.
Ibid. 39 (1255).	36 carratae de sespitibus.	9 lib. 10 sol. lov.

V. OBJETS FABRIQUÉS. — INSTRUMENTS DE TRAVAIL. — CONSTRUCTIONS & RÉPARATIONS.

Gesta abbatum Tru-donensium, I, 54 (1090?)	Calix aureus.	Valens plus quam 60 libras.
Livre de Guillaume, 102 (1252).	Ad edificandum 10 aggeres.	7 lib. lov.
" " "	7 currus.	4 lib. lov.
" " "	8 canistri ubi ponunt imponi 80 modii.	18 sol. lov.
Ibid. 21 (1253).	2 molares.	13 lib. lov.
" " "	1 molaris.	8 lib.... lov.
" " "	2 molares.	4 mr. 10 sol. lov.
" " "	Pro ratis et aliis diversis minutis que pertinent ad currum.	33 sol. lov.
Ibid. 19 (1253).	2 ciffi lignei cum pedibus argenteis.	5 lib. lov.
" " "	2 paria ocrearum.	20 sol. lov·
Ibid. 23 (1253).	Pro molendino edificando.	5 mr. leod.
Ibid. 38 (1255).	Pro edificatione molendini.	16 sol. lov.
" " "	Parvus currus.	4 sol. lov.
" " "	Aratrum.	5 sol. leod.
Ibid. 39 (1255).	Carruca.	16 sol. leod.
" " "	2 canistri ad currum.	5 sol. lov.
" " "	1 currus.	37 sol. leod.
Ibid. 40 (1255).	1 cuppa.	28 sol. leod.
" " "	1 cuppa.	24 sol. leod.
" " "	1 cuppa.	28 sol. leod.
Ibid. 38 (1255).	Ad cooperiendum domum elemosine et murum terreum.	10 sol. leod.
" " "	Pro muro terreo parvo.	13 sol. leod.
Ibid. 33 (1256).	1 cuppa abbatis.	5 mr. 12 sol. leod.

9

130

Livre de Guillaume. 33 (1256).	Pro 3 ciffis et 1 amphorea argentea redimendis.	11 mr. leod.
„ „ „	Pro redemptione annuli abbatis.	3 mr. 16 sol. leod.
Ibid. 99 (1257).	Pro 20 equis ferrandis et sanandis annuatim.	3 mr. leod.
„ „ „	Pro pabulo 20 equorum annuatim.	200 modii ordei.
Ibid. 336 (1256-1257).	Pro horreo monasterii.	100 mr.
„ „ „	Pro infirmitorio et domuncula juxta horreum.	9 mr.
„ „ „	Pro parvo infirmitorio.	3 mr.
„ „ „	Pro stabulo novo et domo de Borlo.	5 mr.
Ibid. 337 (1256-1257).	Pro rivo ducendo in curia nostra et terra deducenda.	7 mr.
„ „ „	Pro clausura de stipitibus.	3 mr.
„ „ „	Pro muro terreo a porta posteriori versus molendinum.	9 mr.
„ „ „	Pro alio ab horreo versus dormitorium.	1 mr.
„ „ „	Pro muro a porta posteriori (monasterii) versus Plancstrate.	33 sol. leod.
„ „ „	Pro fossato implendo ibidem.	2 mr.
„ „ „	Pro domo elemosine et aliis domibus pro claustro et capella nostra reparandis et cooperiendis.	4 mr.
„ „ „	Pro claustro albando et sede in conventu.	40 sol. lov.
„ „ „	Pro conductu in coquina ducendo et aliis in coquina.	2 mr.
„ „ „	Pro potto refundendo.	40 sol. lov.
„ „ „	Pro trunco super forum.	1 mr.
„ „ „	Pro camera abbatas edificanda.	9 mr.
„ „ „	Pro muro terreo inter atrium et domos.	30 sol. leod.
„ „ „	Pro edificandis molendinis de Merwele et de Orle.	8 mr.
„ „ „	Pro 12 molaribus.	32 mr. leod.

Livre de Guillaume, 337 (1256-1257).	Pro 3 molaribus.	21 libet......
Ibid. 338 (1256-1257).	Pro 1 breviario quod fecemus scribi.	6 mr.
" " "	Pro alio breviario " "	4 mr.
" " "	Pro domo nova molendini et muro a porta usque ad molendinum et a molendino usque domum Clementis et ultra usque ad alium murum.	70 mr. leod.
" " "	Pro muro lapideo ante molendinum et pro via ad intrandum molendinum.	5 mr.
" " "	Pro conductu reparando ubi equi bibunt.	15 sol. lov.
" " "	Pro ferris ad molendinum.	12 sol. leod.
Ibid. 339 (1256-1257).	Pro castis super molendinum.	10 sol. leod.
" " "	Pro porta nova.	30 mr.
" " "	Pro muro terreo versus Plancstrate.	15 mr.
" " "	Pro via lapidea ante portam.	5 mr.
" " "	Pro sclusa.	3 mr.
" " "	Pro horreo apud Dunch.	50 mr.

VI. PRIX DE LA TERRE.

Gesta abbatum Trudonensium, I, 20 (1055-82).	Villas de Villers et Moxhe (1).	700 mr.
" " "	Villa de Stayen (2).	100 mr.
Cartulaire de Saint-Trond, I, 108 (1164).	2 manses.	23 mr.
Ibid. 278 (1257).	9 bonniers, 35 verges.	36 mr. leod.
Ibid. 300 (1261).	4 bonniers.	60 lib. lov.

---

(1) Cfr. *Livre de Guillaume,* 230 et 236 (1252). L'abbaye y possédait alors plus de 400 bonniers.

(2) Cfr. *Ibid.,* 355 (1259). La " curtis „ comprend plus de 45 bonniers.

Cartulaire de Saint-Trond, I, 308 (1264).	$^1/_2$ manse ou 8 bonniers 8 $^1/_2$ verges.	48 mr. 18 sol. leod.
Livre de Guillaume, 16 (1253).	$^1/_2$ bonnier.	4 $^1/_2$ mr.
Ibid. 35 (1253).	23 $^1/_2$ bonniers, chacun.	40 sol. lov.
Ibid. 262 (1253).	12 bonniers.	80 lib. lov.
Ibid. 261 (1256 .	$^1/_2$ bonnier.	70 sol. leod.
Ibid. 264 (1256).	9 verges.	4 lib. lov.
Ibid. 126 (1257).	Cultura de 2 $^1/_2$ carrucae.	20 lib. lov.
Ibid. 171 (1258).	5 " gewelt „ ou 10 verges engagés pour	4 lib. lov.
Ibid. 129 (1259).	$^1/_2$ manse (8 jugera).	10 lib. lov. et 5 sol. holl.
Ibid. 132 (1259).	60 jugera.	25 lib. lov.
Ibid. 130 (1260).	2 areae,	6 lib. 5 sol. lov.
Ibid. 62 (1261).	3 $^1/_2$ sillae (environ 1 bonnier).	9 lib. lov.
Ibid. 63 (1262).	1 $^1/_2$ bonnier.	32 sol. leod.
Ibid. 314 (1265).	4 bonniers.	24 mr. leod.
Ibid. 286 (1270).	1 curia.	15 mr. leod.
„ „ „	„	7 mr. 10 sol. leod.
„ „ „	„	6 mr.
„ „ „	„	5 mr.

VII. REDEVANCES DE CENSIVES & FERMAGES.

Cartulaire de Saint-Trond, I, 18 (1055-55).	4 manses.	20 sol.
Ibid., I, 25 (1080).	1 manse.	6 sol.
Ibid. I, 28 (1095).	6 bonniers de terre et 1 bonnier de pré.	30 den.
Gesta abbatum Trudonensium, I, 147 (1108-1136).	6 bonniers.	30 sextarii annone. 1 modius avene. 40 denarii.

Gesta abbatum Trudonensium, I, 147 (1108-1136).	1 manse.	20 sol.
Ibid., I, 150 (1108-36).	1 manse.	5 sol.
Ibid., I, 171 (1108-36).	2 manses.	12 sol.
Ibid., I, 177 (1108-36).	1 manse.	30 den.
Cartulaire de Saint-Trond, I, 108 (1164).	1 manse,	5 sol.
Livre de Guillaume. 236 (1252).	306 bonniers à Villers-le-Peuplier chacun, un cens de	4 den. leod., 2 dosenae spelte, 2 dosene avene, 2 $^1/_2$ ovi.
Ibid. 230 (1252).	Plus de 100 bonniers à Villers-le-Peuplier, chacun un fermage de	23 dosenae tritici dont 12 font 1 modius.
Ibid. 252 (1252).	Cultura de Saint-Trond, par bonnier.	2 modii frumenti.
Ibid. 227 (1252).	1 bonnier.	22 dosenae tritici.
Ibid. 230 (1252).	6 bonniers,	Ad $^1/_3$ garbam.
Ibid. 283 (1252).	21 bonniers, chacun.	2 modii siliginis.
Ibid. 246 (1252).	1 manse.	5 sol. leod.
Ibid. 275 (1253).	8 bonniers, 14 $^1/_2$ verges.	Ad medictatem.
Ibid. 316 (1253).	Cultura de Milen. par bonnier.	2 mod. siliginis.
Ibid. 34 (1253).	15 bonniers, chacun.	40 sol. lov.
Ibid. 13 (1253).	1 malus mansus.	15 den. leod.
Ibid. 264 (1256).	1 silla.	5 sol. leod. et 2 capones.
Ibid. 49 (1257).	68 bonniers, chacun.	2 $^1/_2$ mod. spelte.
Ibid. 273 (1257).	3 $^1/_2$ bonniers " pascuorum „ ch.	3 mod. siliginis.
Ibid. 253 (1257).	3 bonniers, 12 grandes verges, 4 petites.	Ad medietatem.
Ibid. 317 (1258).	3 bonniers, 12 verges, chacun.	7 mod. sil.
Ibid. 50 (1262).	213 bonniers, chacun.	4 den. leod.
Ibid. 211 (1262).	15 bonniers, chacun.	5 mod. spelte et avene et 5 sol. leod.
Ibid. 283 (1262).	60 bonniers, chacun.	3 mod. spelte.
Ibid. 159 (1262).	1 curtis,	4 den. lov.
„ „ „	1 area.	12 den. hol.

VIII. SALAIRES & ENTRETIEN DE LA VIE.

Livre de Guillaume, 16 (1253).	W. de S. A. ad miliciam suam.	50 sol. leod.
Ibid. 23 (1253).	II... carpentario pro 15 diebus.	5 sol. leod.
„ „ „	„ „ „ 5 „	42 den. leod.
„ „ „	W... famulo pro mercede anni.	20 sol. lov.
Ibid. 19 (1253).	$\frac{1}{2}$ prebenda unius pistoris.	25 sol. leod.
„ „ „	Nova prebenda empta.	19 sol. lov.
Ibid. 202 (1252).	3 procurationes quas fecerat abbas que estimatae erant ad	2 mr. leod.
Ibid. 124 (1254).	Prandium prepositi cum 5 eqnis.	3 sol. lov.
Ibid. 38 (1255).	$\frac{1}{2}$ prebenda pistoris.	45 sol. lov.
„ „ „	„ „	26 sol. leod.
Ibid. 95 (1257).	Un moine reçoit par jour " ad co quinam „	3 den. lov.
„ „ „	Un moine reçoit par jour " ad vinum. „	3 den. lov.
„ „ „	„ „ „ " ad cervisiam. „	1 obol. leod.
„ „ „	„ „ par an " ad vestes. „	40 sol. leod.

IX. TAUX DE L'INTÉRÊT.

Livre de Guillaume, 80 (1252).	10 marcs payables à des Juifs le 20 avril ne peuvent l'être que le 8 mai. On ajoute 5 mr. pro usuris, c'est à dire un intérêt de 10 pour 1.
Ibid. 20 (1253).	30 mr. leod. pro sorte et 17 mr. leod. pro usuris de 14 mensibus (environ 57 % d'intérêt).
Ibid. 347 (1255).	Don de 36 sol. leod. pour une rente de 2 sol. leod. 4 capones.
„ „ „	Don de 16 sol. leod. pour une rente de 6 den. leod., et 4 capones.
Ibid. 131 (1262).	Bona que valent annuatim 1 mod... siliginis obligata pro 26 sol. col.... (Un muid valant de 4 à 5 sous de Cologne, l'intérêt est de 15 à 20 %.).

Livre de Guillaume, 64 (1265).	Vendidimus P. C. et J.... ad vitas suas et matris sue 6 mod. sil. annuatim pro 24 mr. leod. Le capital placé à fonds perdus rapporte environ 8 %, (le muid le seigle valant 7 sol. leod.)
" " "	Ibid. à une veuve 4 mod. silig. et la jouissance d'une maison pour 25 lib. lov.
" " "	Ibid.... Y. beghine 1 mod. sil. par an pro 3 1/2 mr. leod. Le capital placé à fonds perdus rapporte 10 % environ.
" " "	Ibid.... J. de K... 2 mod. sil. sa vie durant pour 1 bonnier de terre. Le capital rapporte 5 1/2 %. (Le bonnier valant 6 mr. leod.)
" " "	Ibid.... C.... béguine et à ses deux sœurs 1 mod. silig. pour 5 mr. leod. Le capital rapporte 7 %.
Curtulaire de Saint-Trond, I, 352 (1281).	G.... canouico 16 mod. silig. pour 12 1/2 bonniers. Le capital rapporte un peu plus de 7 %.

Une observation avant de terminer : Il m'est arrivé de suivre le prix d'un produit pendant plusieurs mois de la même année; ç'a été le cas pour le seigle, par exemple. La fixité des prix est l'indice de la régularité des relations commerciales. Pendant le haut moyen-âge, les relations économiques étant presque exclusivement locales, le prix du blé dans les années peu abondantes s'élevait dans des proportions énormes au fur et à mesure qu'on s'éloignait du temps de la récolte.

136

NOTE

SUR LES

MONNAIES ET LES MESURES.

Nombreuses et fort différentes sont les monnaies mentionnées dans le cours de notre ouvrage. L'énumération et l'évaluation en ont été faites par M. Pirenne (1). Voici les résultats auxquels il est arrivé (2).

I. Monnaies. — On peut les diviser en monnaies indigènes (denier de Liége, de Louvain, de Saint-Trond, de Hollande) et monnaies étrangères (denier de Cologne, denier sterling et denier tournois).

Le denier de Liége qui se divise en deux oboles, correspond à environ soixante-quinze centigrammes d'argent, soit quinze centimes de notre monnaie. Douze deniers font un sou, vingt sous, une livre ou un marc.

Le denier de Louvain est au denier liégeois comme 2 est à 3.

Le denier de Saint-Trond vaut un peu plus qu'un demi-denier de Liége.

Le denier de Hollande est à celui de Louvain comme 1.17 est à 1.

Le denier de Cologne vaut un peu moins de deux

---

(1) *Livre de Guillaume.* Introduction, pp. XLVI et sqq.
(2) Le lecteur qui voudrait les contrôler est prié de s'en référer à la dite Introduction, page citée; il y trouvera rassemblées les indications qui ont servi comme éléments de calcul.

deniers de Liége, soit environ deux deniers et demi de Louvain.

Le denier sterling vaut environ deux deniers de Liége ou trois de Louvain.

Il faut presque deux deniers tournois pour avoir la valeur d'un denier de Liége.

II. Mesures. — a/ Mesures de longueur. — A Saint Trond la verge ordinaire avait seize pieds et une *solea;* la verge *ad magnam mensuram* était de vingt pieds; dans le Testerbant, elle ne comptait que treize pieds et demi.

L'aune, *ulna,* valait à Saint-Trond sous l'ancien régime 0m,668.

b/ Mesures de superficie. — La *virga parva* était un carré de seize pieds et une *solea* de côté. Vingt verges carrées petites faisaient une verge grande. Le bonnier comptait vingt verges grandes ou quatre *sille* de cinq verges. Douze bonniers faisaient un manse.

La *virga magna* était un carré de vingt pieds de côté.

Vingt verges grandes faisaient un bonnier et douze bonniers faisaient un manse *(ad magnam mensuram)*.

Dans le Testerbant, la verge carrée avait treize pieds et demi de côté. Une bande de terre large d'une verge et longue de cent formait un *hunt.* Cinq *hunt* faisaient un *morgen* ou *jugerum*, sauf à Aalburg où le *morgen* comptait six *hunt*. Ainsi s'explique qu'à Aalburg le manse ou *huve* n'avait que seize *morgen*, alors qu'ailleurs il en comptait vingt.

Le *morgen* à Aalburg est souvent appelé *gewelt* ou *gerden.*

c/ Mesures de capacité. — Pour les grains, le muid comprend à Saint-Trond huit *sextaria* ou *vasa.* Il en compte douze à Meldert. A Villers-le-Peuplier il se subdivise en douze *dozene* valant huit setiers ou un muid de Saint-Trond.

Dans le Testerbant on fait usage du *maldrum* ou *virdel,* Quatre *virdel* font un *huit.*

Pour les liquides, le setier ou *vas* comprend quatre *quarte* ou six *sexte*. Une *gella* vaut trois sexte ou un demi setier. L'aime, *ama*, comprend cinquante *gelte* ou vingt-cinq setiers.

Quant aux *vasa* et aux *lagene*, ce sont des tonneaux, les *vasa* d'une capacité qui varie de cinq cent cinquante à neuf cent *gelte*, les *lagene* d'une contenance de cent douze à trois cent dix-neuf *gelte*.

Le *pandus lignorum* sert à la mesure des solides. Il est de 14 pieds en largeur et en hauteur.

ERRATA.

P. 3, ligne 16 : réclamalent,   *lire* réclamaient.
P. 3, note 1 : Trudonensum,   *lire* Trudonensium.
P. 6 en note, ligne 27 : désantageux,   *lire* désavantageux.
P. 9, ligne 6 : servant,   *lire* serviant.
P. 9, ligne 11 : anteur,   *lire* auteur.
P. 12 au milieu : abbé de Saint-Trond, *lire* Saint-Trond.
P. 16 en haut : ces,   *lire* est.
P. 23 et suiv. : Testrebant,   *lire* Testerbant.
P. 32, ligne 5 : aquitte,   *lire* acquitte.
P. 55, ligne 29 : unes urveillance,   *lire* une surveillance.
P. 63, ligne 2 : les revenus,   *lire* les revenus,
P. 79, ligne 10 : ministériales,   *lire* ministeriales.

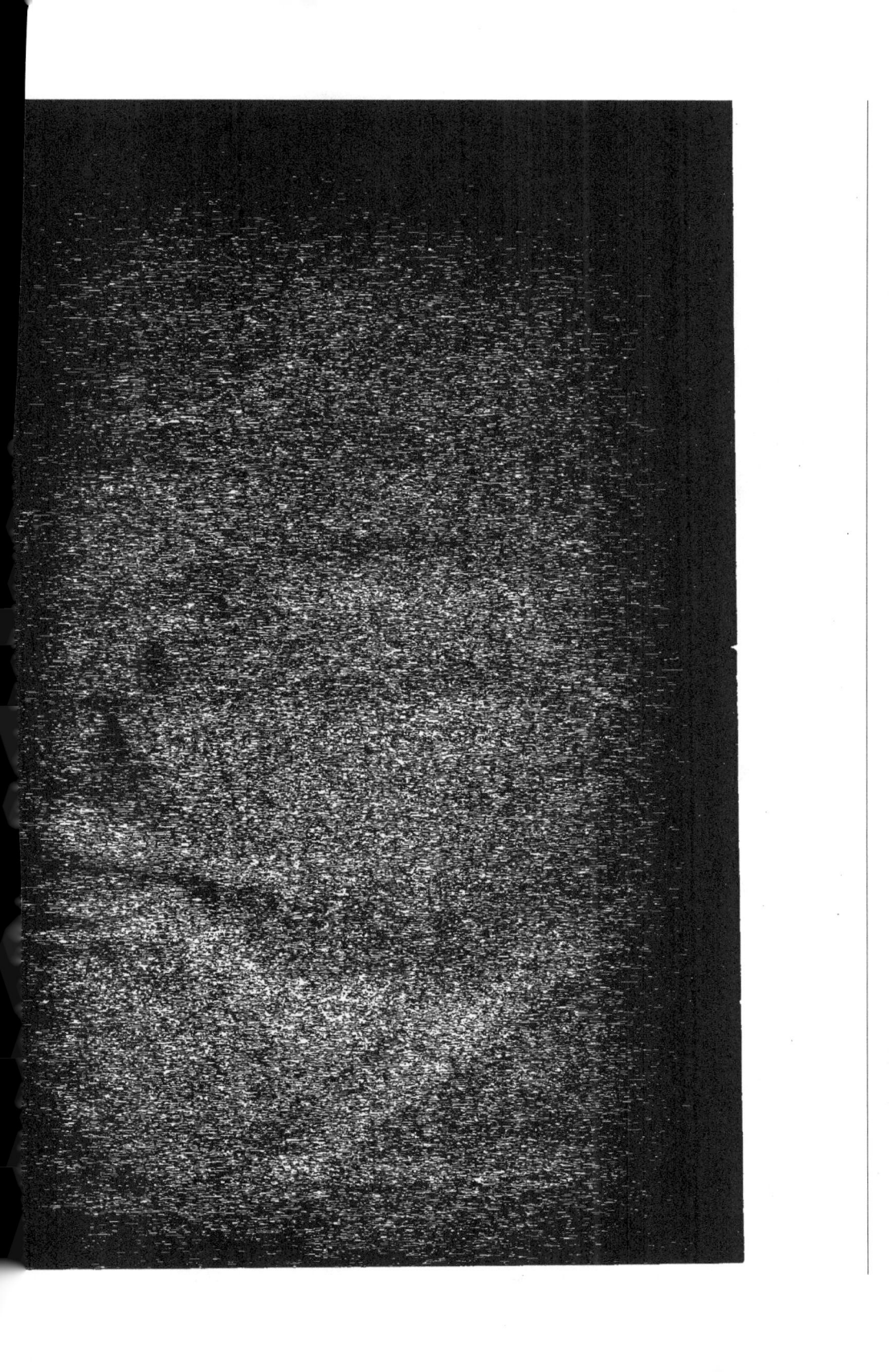

RECUEIL DE TRAVAUX

LA FACULTÉ DE PHILOSOPHIE ET LETTRES
DE L'UNIVERSITÉ DE GAND.

EN VENTE :

1e Fascicule : *P. Thomas.* Lucubrationes Manilianae. 1888. — Prix : 2 francs.

2e Fascicule : *H. Pirenne.* Histoire de la constitution de la ville de Dinant. 1889. — Prix : 4 francs.

3e Fascicule : *F. Cumont.* Sur l'authenticité de quelques lettres de Julien. 1889. — Prix : 2 francs.

4e Fascicule : *F. Cumont.* Notes sur un temple mithriaque d'Ostie. 1891. — Prix : 2 francs.

5e Fascicule : *H. Logeman.* Elckerlyck, a fifteenth Century Dutch morality, and Everyman, a nearly contemporary translation. 1892. — Prix : 4 francs.

6e Fascicule : *J. Frederichs.* Robert le Bougre, premier inquisiteur général en France. 1892. — Prix : 2 francs.

7e Fascicule : *H. Van der Linden.* Histoire de la constitution de la ville de Louvain au Moyen-Age. 1892. — Prix : 4 francs.

8e Fascicule : *J. J. Van Biervliet.* La Mémoire. 1893. — Prix : 2 francs.

9e Fascicule : *L. de la Vallée Poussin.* Svayambhupurana, dixième chapitre. 1893. — Prix : 1 franc.

10e Fascicule : *F. Cumont.* Anecdota Bruxellensia I : Chroniques byzantines du manuscrit 11376. 1894. — Prix : 2 fr. 50.

11e Fascicule : *L. Parmentier.* Anecdota Bruxellensia II : Les extraits de Platon et de Plutarque du manuscrit 11360-63. 1894. —

12e Fascicule : *J. Bidez.* La biographie d'Empédocle. 1894. — Prix : 5 francs.

13e Fascicule : *L. Willems.* Étude sur l'Ysengrinus. 1895. — Prix : 5 francs.

14e Fascicule : *M. Basse.* De stijlaffectatie in Shakespeare, vooral uit het oogpunt van het euphuïsme. — Prix : 5 francs.

15e Fascicule : *H. Van der Linden.* Les Gildes marchandes dans les Pays-Bas au Moyen-Age. 1896. — Prix : 4 francs.

16e Fascicule : *L. de la Vallée Poussin.* Textes et études tantriques I : Pañcakrama. 1896. — Prix : 4 francs.

17e Fascicule : *Ch. Justice.* Anecdota Bruxellensia III : Le " Codex Schottanus „ des extraits " de Legationibus. „ 1896. — Prix : 4 francs.

18e Fascicule : *P. Thomas.* Catalogue des manuscrits de classiques latins de la bibliothèque royale de Bruxelles. 1896. — Prix : 4 francs.

19e Fascicule : *L. Willems.* L'Élément historique dans le Coronement Looïs. 1896. — Prix : 3 francs.

20e Fascicule : *Guillaume Des Marez.* Étude sur la propriété foncière dans les villes du Moyen-Age et spécialement en Flandre, avec plans et tables justificatives. 1898. — Prix : 13 francs.

21e Fascicule : *H. Logeman.* Faustus-Notes. A supplement to the commentaries on Marlowe's „ Tragical history of D. Faustus. „ 1898. — Prix : 5 francs.

22e Fascicule : *Alfred Hansay.* Étude sur la formation et l'organisation économique du domaine de l'abbaye de Saint-Trond depuis les origines jusqu'à la fin du XIIIe siècle. 1899. — Prix : 4 fr.

www.ingramcontent.com/pod-product-compliance
Lightning Source LLC
Chambersburg PA
CBHW031122210326
41519CB00047B/4281